Die Privatstreifbänder des Deutschen und Österreichischen Alpenvereins

DÖAV 1903-1938

Spezialkatalog und Handbuch der Typen und Vorausentwertungen mit Punkteauszeichnung

Michael Frank

Wienerstraße 14
A- 2410 Hainburg an der Donau

Druck und Vertrieb im Auftrag des Autors:
Buchschmiede von Dataform Media GmbH
Julius-Raab-Straße 8
A- 2203 Großebersdorf

www.buchschmiede.at – Folge deinem Buchgefühl!
Kontaktadresse nach EU-Produktsicherheitsverordnung:
info@buchschmiede.at

ISBN: Hardcover: 978-3-99181-246-3

Printed in Austria

2.1.
Vorwort des Verfassers

DÖAV-Streifbänder bilden ein spezielles Sammelgebiet das für den Ganzsachen- als auch für Vorausentwertungssammler von Interesse ist. Es kann nach einfachem Schema gesammelt werden, indem jeder einzelne Streifbandtypus nach Wertstufeneindruck sortiert wird. Man kann aber auch das Gebiet bis ins kleinste Detail spezialisieren, je nach persönlichem Sammlerinteresse.

Die zwischen 1903 und 1938 erschienenen Ganzsachen-Streifbänder des Deutschen und Österreichischen Alpenvereins werden in diesem Werk der Einfachheit halber aber auch wegen ihres allgemeinen Kürzels in Sammlerkreisen mit gängigem Kürzel „DÖAV“ bezeichnet.

Gegründet 1873 gibt der DÖAV seine Rundsende- „Mitteilungen“ ab 1875 heraus, vorerst 6 mal jährlich. Ab dem Jahr 1881 erscheinen die „Mitteilungen“ zehnmal im Jahr. Ab 1885 wird bereits vierzehntägig verschickt. Die „Mitteilungen“ werden an alle „A-Vereinsmitglieder“ versandt. Dieser „Zwangsbezug“ der Mitteilungen an die A-Mitglieder bedeutet, dass Mitglieder mit ermäßigtem Beitrag, wie Angehörige im gleichen Haushalt, die Aussendung nicht erhalten. Der Versand erfolgt zu dieser Zeit noch direkt vom DÖAV, der die jeweiligen Sammelsendungen an die Sektionen schickt, die diese dann an ihre Mitglieder verteilen. Erst zu einem späteren Zeitpunkt lagert der Alpenverein die Versandtätigkeit der „Mitteilungen“ an die Firma Holzhausen aus. Druck und Versand erfolgen wegen günstiger Portotarife ab Wien. Hier der Auszug des Protokolls der Generalversammlung 1874 wie folgt.

Nach eingehender Discussion über den Versandt der „Mittheilungen“, wobei die Mehrzahl der Sectionsvorstände sich bereit erklärte, dieselben jeweilen selbst an ihre Mitglieder zu befördern, während von anderer Seite Bedenken gegen die Ausführbarkeit der Austheilung durch die einzelnen Sectionen ausgesprochen wurden, übernahm d. Centralausschuss unter Voraussetzung, dass die Schwierigkeiten bei der Versendung nicht zu bedeutend würden, und dass für die Centralcasse keine große Belastung erwachse, die Versendung direkt an die einzelnen Mitglieder zu besorgen. Unter dieser Voraussetzung wurden die entstehenden Kosten im Voraus genehmigt.

Es liegen vereinzelt (seltene) Versandschleifen aus dieser Anfangszeit des Alpenvereins vor, diese sind mit Freimarken oder Zeitungsmarken frankiert. Es handelt sich hier um die „Vorläufer" des Zeitungsversands mit Ganzsachen- Streifband. Zwischen 1903 und Anfang 1910 kommt es mit wenigen Ausnahmen stets, zu Monatsmitte und Monatsende, zum regelmäßigen Versand der Massen-Streifbänder des DÖAVs in dem sich das System der Vorausentwertung durchsetzt welches sich spätestens ab Jahrgang 1910 in Form der Buchdrucks-Aufdrucke der Versandperiode III etabliert.

In den Kriegsjahren und auch in der Zeit knapp danach kommt es zu unregelmäßiger Erscheinungsweise der „Mitteilungen". So kommt es beispielsweise 1919 wegen Papier- und Rohstoffmangels nur noch zu 10 jährlichen Ausgaben und im Jahr 1920 zu 12 Ausgaben. Im Herbst 1922 muss die Herausgabe für ganze 3 Monate komplett eingestellt werden. Ab Ende 1922 beschließt der DÖAV-Verwaltungsausschuss den obligatorischen Gratis-„Zwangsbezug" für manche Mitglieder einzustellen; nur wer bezahlt erhält die Aussendungen auch weiterhin.

Erfolg und Interesse am Alpenverein bleiben weiterhin bestehen; bis ins Jahr 1926 beträgt die Auflage der Aussendungen wieder 58.000 und ab 1927 wird der Gratisbezug für alle Mitglieder erneut eingeführt, bei monatlicher Erscheinung mit 24 Seiten und Anzeigenumschlägen.

Im Jahr 1938 erscheinen die Mitteilungen noch zwölfmal und werden zum Jahresende eingestellt. Ab dem Herbst (ab Oktober 1938), werden die Vereinsaussendungen als Beilage zum „Bergsteiger" bis Dezember 1944 weitergeführt.

Nach und nach als mehr oder weniger optisch weniger ansprechendes „Überbleibsel" aus alten Teilsammlungen vorhanden, stellen die privat beauftragten Zeitungsstreifbänder ein bislang recht stiefmütterlich bearbeitetes Kapitel österreichischer Philatelie dar. Was auch der Grund dafür sein mag, dass sich bislang wenige Sammler mit der Thematik befassen. Umfassende Literatur liegt bisher noch nicht vor was sich mit der Aufarbeitung von Geschichte und Chronologie dieses reizvollen Themas ändern soll. Ziel dieses Buches ist die womöglich lückenlose Darstellung mit möglichst chronologisch-einfachem, übersichtlichen Bewertungsschema zu schaffen.

Der arttypische Schleifenversand des DÖAVs ist historisch interessant, dokumentiert er doch eindrucksvoll das rasche Aufkommen zahlreicher Massenauflagen von Druck- und Zeitungsschriften im deutschen Sprachraum von der Jahrhundertwende des 18. zum 19. Jahrhundert bis hin zum Zusammenbruch der Kaiserreiche der Mittelmächte. Über die beschwerliche Nachkriegszeit beider Weltkriege reichend, verbunden mit politischen Geschehnissen von Umstürzen und Revolutionen, Mangelwirtschaft und Inflation, überdauert das damals vorherrschende Zeitungsmedium die Zeiten. Mittels datumsmäßiger chronologischer Dokumentation der Herausgabe und Versand der DÖAV-Schleifen lässt sich somit Geschichte anhand einfacher Streifbänder darstellen.

Man beachte dabei unterschiedliche Portosätze, kurze Intervalle, in denen die „Mitteilungen" umständehalber zeitweise überhaupt nicht erscheinen können. Bald nach dem ersten Weltkrieg gehören Gebiete Böhmens, Ungarns, Norditaliens oder auch Liechtensteins, nicht mehr zum Bereich der portomäßigen Inlandsposttarife. Sodass sich nun auch das Versandportogefüge des Inlandsversands für Zeitungsschleifen verändert. Anstatt mit Zeitungsmarken wird ab nun mit Freimarken zu frankieren sein. Was vor 1918 noch kaiserliches Heimatland gewesen ist wird nun in vielen Fällen zum Ausland.

Die Streifband-Ganzsachen des DÖAVs sind immer Privatstreifbänder, beginnend mit der postalischen Streifband-Erstausgabe mit dem Freimarken-Türbogenmuster 1899 in Heller-Währung. Erstmals im Jahr 1903 wird dieser Wertstempel, je zusätzlich zum Texteindruck „Mitteilungen des D.u.Ö.A.-V., Wien VII-1, Kandlgasse 19-21", vom DÖAV beauftragt. Warum der Alpenverein nicht bereits zuvor auf Streifbandschleifen zurückgegriffen hat, um seine „Mitteilungen" zu versenden bleibt im Dunkel der Geschichte unergründet. Es kann sein dass der Alpenverein der ursprünglich seinen Sitz in Wien-Josefstadt (8. Bezirk) in der Breitegasse hatte und ca. 1903 in den 7. Bezirk, Kandlgasse, übersiedelt ist mit dem Umzug auch seine Versandlogistik umgestellt hat. Genaues weiß man nicht. Erst ab jenem Zeitpunkt 1903 wo es erstmalig möglich ist Privatstreifbänder zu verwenden wird der DÖAV tätig. Die Streifbänder werden dabei eben auf Privatauftrag von der Österreichischen Staatsdruckerei bogenweise als Zehner- Bogen mit dem benötigten Wertstempel bedruckt und sind dann während der Jahre 1903- 1938 in Verwendung. Der Absenderzudruck „Mitteilungen

des…“ entfällt ab Beginn der gedruckten Vorausentwertung in der III. Portoperiode ab Ende März 1910.
Der Alpenverein verschickt sowohl seine Vereinsblätter auch vor 1903, der Periode 0, als auch nach 1938 bis zum heutigen Tag, jedoch heute nicht mehr als Streifbandganzsachen. In diesem Buch behandle ich ausschließlich die Ganzsachen(!!)- Freimachung des DÖAV ab 1903, wenngleich ich auch von Kapitel zu Kapitel darauf hinweise, dass Zusatzfrankaturen oder Einzelfrankaturen mit Freimarken ins Ausland bzw. Zeitungsmarken im Inland postalisch möglich sind, und in der gepflegten DÖAV- Sammlung wenn möglich nicht fehlen sollten

Nach 1945 gibt es keine Vorausentwertung mehr in Österreich. Es gibt seit 1938 keine Streifbänder mehr mit Wertaufdruck. Somit handelt es sich beim Zusammentragen der DÖAV-Ganzsachenschleifen um ein philatelistisch längst abgeschlossenes Sammelgebiet, bei dem es immer noch einiges zu erforschen gilt. Dieses Werk ist nicht statisch zu verstehen, auch ist es kein Lexikon mit Anspruch auf Komplettheit. Im Gegenteil, es bleiben Fragen offen. Daher sind mir als Buchverfasser sämtliche Ergänzungshinweise von Sammlerkollegen willkommen!

Das lustvoll erarbeitete Neuwissen, das hinter dem Sammelthema liegt, die Tiefe und das Hineinleben in die neue Erfahrung, die die Philatelie in sich birgt, führt zum persönlichen Bezug des Sammlers in die Thematik, mit der er sich beschäftigt. Einer von ihnen schreibt hier gerade (bereits ein Jahr lang) ein Buch darüber. Ich bin für alles Lob, auch Kritik und Verbesserungsvorschläge, stets offen. Bei Bedarf oder Sammlerinteresse, welches eine überarbeitete Neu- oder Nachauflage rechtfertigt, bin ich gerne dazu bereit.

Danke für Ihre Aufmerksamkeit!

Michael Frank

Hainburg, im Frühjahr 2025

2.2.
Vorwort Dr. Ulrich Ferchenbauer

Das vorliegende umfangreiche Werk meines Sammlerfreundes Herrn Michael FRANK über die Privatstreifbänder des Deutschen und Österreichischen Alpenvereins 1903 bis 1938 verdient schon deshalb große Beachtung, weil es ein weiterer Beweis dafür ist, dass sich die heutige Philatelie- nicht so wie in den vergangenen Jahrzehnten- primär auf das Sammeln von Briefmarken an sich beschränkt, sondern darüber hinaus ein getreues Spiegelbild und eine Aufarbeitung politischer, gesellschaftlicher und kultureller Entwicklungen auf dieser Erde ist.

Die großartig umfangreiche detaillierte Aufarbeitung dieses bisher kleinen Nebengebietes im Rahmen österreichischen Philatelie zeigt geschichtlich- politische Entwicklung dieser großen Vereinigung DÖAV im angegebenen Zeitraum mit all ihren gesellschaftlichen, politischen und umweltbezogenen Überwerfungen und Entwicklungen, wie kaum etwas anderes!

Sehr beeindruckend ist die außerordentlich detaillierte Aufarbeitung dieses Sammelgebietes und die bereits in des Verfassers Vorwort befindlichen Hinweise zum Thema Sammlungsaufbau, die nicht nur umfangreich, sondern bis ins Detail reichen und dem interessierten Sammler sicherlich Anreize geben können, wie er individuell seine Sammlung gestalten könnte.

Nicht zu Unrecht schreibt Michael Frank: „Die aufwändigste Art sich eine umfangreiche Spezialsammlung aufzubauen mag jene sein, die einzelnen Streifbänder nicht nur nach Wertstempel und Versanddatum, sondern auch noch nach Stempeltypen und Unterscheidungsbuchstaben zu sammeln. Dass darüber hinaus auch alle Heimatsammler zu einer vielleicht bis jetzt nicht wahrgenommenen Erweiterung ihrer Sammlung beitragen können, wird ebenfalls deutlich dargestellt. In diesem Sinne ist auch die Einbeziehung von Übersee-Destinationen von Bedeutung; sie bieten weitere Möglichkeiten zur Sammlungsvielfalt.

Die Bewertung der Stücke mit Punkten halte ich für sehr sinnvoll, da sich gerade in Zeiten wie diesen, der Marktwert der Belege in welche Richtung auch immer ändert, die Punktebewertung jedoch die

Seltenheitsrelationen, soweit bisher bekannt, durchaus objektiv wiedergeben.

Die Zukunft wird sehr bald zeigen, ob diese Veröffentlichung das Interesse der Sammlerschaft für dieses Gebiet tatsächlich vergrößert und sich das Interesse auch in den zu erzielenden Preisen niederschlägt.

Ich wünsche das allen, die sich von diesem sehr gelungenen Werk beeindrucken lassen. Ich bin auch davon überzeugt, dass dieser Katalog ein weiterer wertvoller Beitrag zur Gesamtlage der österreichischen Philatelie ist und bleiben wird.

Michael FRANK ist für seine große Mühe auf jeden Fall schon jetzt recht herzlich zu danken.

Dr. Ulrich Ferchenbauer

1180 Wien, im Februar 2025

2.3.
Quellenverzeichnis-Literaturliste
DÖAV- Zeitungsstreifbänder in der Fachliteratur

Philatelistischer Fachliteratur sind Beiträge zum Thema recht dürftig und höchstens als Unterkapitel am Rande vereinzelt zu entnehmen. Die wirkliche Detailarbeit einer ausführlichen Aufarbeitung hat sich noch niemand angetan, obwohl es bereits ansatzweise ältere Abhandlungen gibt, die ich interessiert nachlese.

So diente mir bisher als Sammler und nunmehrigem Buchverfasser beispielsweise das Werk Schneiderbauers „Ganzsachen Österreich-Spezialkatalog und Handbuch" 2. Auflage Krems 1981, Kapitel 4.122 als Unterkapitel der Erfassung der Streifband-Ganzsachen auf drei Seiten als Informationsquelle. Inhaltlich noch sehr unergiebig. Wobei Ing. Franz Schneiderbauer Ausmaß und Komplexität der Ganzsachen in einer Zeit betrachtet, in der das Sammeln von Ganzsachen oder Vorausentwertungen noch nicht en vogue gewesen ist und nicht jenes Vergleichsmaterial an Schleifen zur Verfügung stand, wie ich sie bei der Erstellung dieses vorliegenden Buches auswerten kann.

Zwar will ich nicht das Rad neu erfinden, stelle aber zielgerichtet das System bisheriger Katalognummerierungen auf „zeitgemäßer" und praxisnäher um. Der Purist möge mir derartig ausführliche Extraarbeit nachsehen. Immerhin berücksichtige ich nach Sichtung von weit über 20.000 DÖAV-Streifbändern anhand zeitgemäßer Punktebewertung der einzelnen Typen auch die Veränderungen bei den Marktpreisen seit 1981. Die Sammlergewohnheiten haben sich in den 40 Jahren nach Schneiderbauer zumeist zum Vorteil des Sammlers geändert. Da der Ganzsachen- und Vorausentwertungsammler der Zeitungsschleifen gerne auch „Vorgänger" der eigentlichen Buchdruckausgaben ab 1910 sammelt, oft spezialisiert nach Versanddaten und Stempeltypen, wird aus Sicht des geneigten Philatelisten eine neue Struktur der Auflistung zielführend sein. Speziell in den beiden Hauptteilen dieses Buches, dem

Kapitel 6 „Haupttabelle Punktebewertung" und dem
Kapitel 7 „Haupttabelle Streifbänder nach Versanddatum"

wird die Spezialisierung des Gebietes signifikant vorangetrieben.

Auch das Altösterreich-Meisterwerk von Dr. Ulrich Ferchenbauer, der die DÖAV- Ausgaben im Band „Ferchenbauer III- Ganzsachen und Besondere Dienste“, Ausgabe 2008, auf Seite 91- 92 kurz behandelt, beschreibt die privaten Zeitungsstreifbänder der Doppelmonarchie mit Vorausentwertung. Dem Maestro sei außerdem für eine und andere Bildvorlage und seinem Lektorat mitsamt Vorwort am Beginn dieses Buches (Kapitel 2.2. „Vorwort Dr. Ferchenbauer“) gedankt.

Weitere Quellen und verfügbare Altliteratur die teils wegen Nicht-Fertigstellung der Ausarbeitung, teils vorzeitigem Ablebens des Autors wegen, nicht zur Veröffentlichung gelangt sind. Aus alten Schriften sind Umstände der DÖAV- Schleifenausgaben bekannt die „moderner“ Betrachtung nicht standhalten. Was auch Grund für mich ist veraltete Fehlinformationen und -umstände heutigem Wissensstand anzupassen.

Gormann, Die Ganzsache Nr. 2/1942 „Die Streifbänder des DÖAVs“; Schrift Dr. Engelhart „Vorausentwertungen“ Berliner Philatelistenclub 1948; weiters Ascher- Katalog Ganzsachen 1928; Altösterreich-Katalog Dr. Ulrich Ferchenbauer Ausgaben 1981 und 2008 Band III; Ganzsachenkatalog ANK- Christine Steyrer 2009.

Ebenso studiere ich einige Original- Mitteilungsblätter und Jahrbücher des DÖAVs; Korrespondenz Lutz Scharf 2009 und Korrespondenz mit Martin Achrainer 2024 c/o Alpenvereinsarchiv Innsbruck- herzlicher Dank für dessen weiterführende Hinweise.

Und noch einige ungenannt bleibende Sammlerkollegen, ohne deren Einsatz diese Ausarbeitung im bestehenden Umfang nicht möglich gewesen wäre. Auch die beiden Korrekturleser, meine langjährige Partnerin Gabriella Tauchhammer die meine Abwesenheit in nächtelanger Schreib- und Recherchearbeit erdulden muss sowie Sammlerfreund Karl Prokop, beide aus Hainburg an der Donau, stehen beim Formulieren, Redigieren und Formatieren zur Seite. Blocksatz ist wichtig, meinen beide einhellig und sie behalten damit recht wie mir auch Frau Wapp und Frau Hofer von buchschmiede.at bestätigen.

Zur Beachtung am Ende dieses Werks:
Kapitel 9.3. „Bezugsquellen, Literatur und PR“

3.1.
Geschichtlicher Hintergrund

Ab Gründungsjahr 1873 bis 1938 gibt es den vereinigten gemeinsamen Deutschen und Österreichischen Alpenverein. Nach dem Anschluss und der darauffolgend unausweichlichen Gleichschaltung Österreichs wird die DÖAV- Organisation unter der Bezeichnung des Deutschen Alpenvereins fortgeführt.

Besagter Deutsche und Österreichische Alpenverein wird hier von der rein philatelistischen Seite betrachtet, nicht ohne dabei auch auf geschichtliche Gegebenheiten und Begleitumstände hinzuweisen. Mein Fokus konzentriert sich in der Erfassung von Daten und Belegmaterial auf den Zeitraum der Portoperioden zwischen 1903 und 1938; es sind jene Zeitperioden, aus der die erschienenen Versandbelege des Vereins für den philatelistischen Ganzsachensammler von Interesse sind.

Vom Jahr 1873 an gibt es mehrere regionale Teilorganisationen und Teilsektionen wie jene des Reichsdeutschen, Deutschösterreichischen, Deutschböhmischen Alpenvereins. Aus kursierenden Kürzeln DuÖAV, DÖAV, DuOeAV, D.u.Ö.A.-V., wähle ich in weiterer Folge DÖAV als jene Kurzbezeichnung, unter der die betrachteten Streifbänder heute allgemein gesammelt werden.

Den österreichischen Zweig des Alpenvereins gibt es bereits seit 1862, als erster Vorsitzender ist von 1874- 1876 Theodor Petersen eingesetzt. Es ist die große Erfolgsgeschichte einer der ältesten Bergsteiger- und Alpinistenorganisationen mit Ausrichtung in Richtung Erforschung und Erschließung der österreichischen Alpenwelt.

Aus anfänglicher Wiener Bildungsbürger- Gründungsgemeinschaft, die in kurzer Zeit über 500 Mitglieder verzeichnet, kommt bald Kritik an der zentralistischen Vereinsstruktur auf. Auch entstehen Wunsch und Wille, die Vereinsziele in Richtung von reiner wissenschaftlicher Lehre hin zur touristischen Erschließung und Entwicklung zu erweitern.

Trotz interner Widerstände gegen die überregionale Schaffung selbständiger Teilorganisationen („Sektionen“) gründet Franz Senn im Jahr 1869 den Deutschen Alpenverein mit Sitz in München. Das „Deutsche“ im Vereinstitel bezieht sich, zwei Jahre vor der Gründung des Deutschen Bundes 1871, nicht auf staatliche, sondern auf völkische, sprachliche und kulturelle Zugehörigkeit.

Die Dezentralisierung nimmt seinen Lauf, nachdem kurz darauf weitere DAV-Sektionen, die größten befinden sich in Salzburg, Wien, Lienz, Augsburg und Leipzig, entstehen. Bereits im Jahr 1870 hat der DAV 1.400 Mitglieder, bereits mit einer eigenen Vereinszeitung. Bereits in deren Erstausgabe wird die Zusammenlegung mit dem österreichischen Alpenverein angeregt.

So kommt es schon 1871 zur ersten Herausgabe des Vereinsblattes beider, der österreichischen und der deutschen, Organisationen. Nach Differenzen über die neue Namensbezeichnung der beiden Alpinisten-Vereine einigt man sich schließlich auf Zusammenführung beider Alpenvereine auf den neuen Namen. Somit fusioniert man am 23.8.1873 in Bludenz erstmals unter der neuen Bezeichnung als „Deutscher und Oesterreichischer Alpenverein".

Nach internen Verschmelzungen des OeAV mit der Sektion Wien des DAV zur Sektion Austria die wiederum dem DAV beitritt, tritt die Sektion Austria am 1.1.1874 dem DuOeAV bei. Kurz gesagt: der Oesterreichische Alpenverein geht im DuOeAV auf. Zu diesem Zeitpunkt hat der DÖAV bereits gesamt 2.500 Mitglieder. Ab 1875 erscheint die gemeinsame Zeitschrift für alle Mitglieder unter der anfänglichen Bezeichnung „Mittheilungen", zuerst alle zwei Monate, später zweimal monatlich.

Stark ansteigende Mitglieder-Zuwächse bestätigen den Erfolg der Organisation. Im Jahr 1882 sind es 11.000 Mitglieder, sehr rasch ansteigend auf 50.000 Mitglieder 1901. Vor Kriegsbeginn umfasst der DÖAV 407 Sektionen mit gesamt 100.000 Mitgliedern und 319 Berg- und Unterkunftsstätten.

Im Jahr 1876 gibt sich der nunmehrige Deutsche und Oesterreichische Alpenverein die Vereinsstatuten bei der Generalversammlung in Bozen. Kulturell und gesellschaftspolitisch betrachtet gilt der DÖAV als ein elitärer Verein, der dem Bildungsbürgertum nahesteht. Man muss nicht ausdrücklich Bergsteiger sein oder alpinistische Leistungen erbringen, um im Gesinnungsverein Mitglied zu werden. Dennoch zieht der DÖAV fast ausschließlich das Bildungsbürgertum an. Nachdem auch

andere Bergsteigerorganisationen sich in der Zeit des langsam aufkommenden Tourismus Ende des 19. Jahrhunderts dem DÖAV als neu aufgenommene Sektionen anschließen, wird aus dem DÖAV der weltgrößte Bergsteigerverein.
Die 1895 alternativ begründete sozialistische Bergsteigerorganisation der „Naturfreunde" entsteht aus dem Ausschluss der Arbeiterschaft aus dem DÖAV- es ist ein Ereignis, welches im Nachhinein ein Meilenstein in der Entwicklung der Sozialdemokratie sein wird.

Die Aufgaben, Ziele und Leistungen des DÖAV bestehen in weiterer Entwicklung aus der Entwicklung der östlichen Alpenwelt, der Erschließung und Errichtung von Infrastruktur wie Wanderwege und Zufahrtsstraßen. Die Initiativen des Alpenvereins hinsichtlich der Bereiche Fremdenverkehr, Schutzhütten, Alpinismus, Kartierung Gletschervermessung führen zu wachsendem gesellschaftlichen und politischen Einfluss des Alpenvereins. Die Organisation ist nunmehr, ganz im Gegensatz zur Gründerzeit der Alpenvereinsväter, föderalistisch ausgerichtet.
Der Vorstand ist ein koordinierter Zentralausschuss und die jeweiligen Sektionen sind rechtlich eigenständige Körperschaften, wenn auch mit wesentlicher Mitsprache des Dachverbands bei Satzungsänderungen.
Der Zentralausschuss entscheidet über die Aufnahme neuer Sektionen und führt die laufenden Geschäfte. Die Ausschussmitglieder werden dabei aus einer einzelnen Sektion gewählt, dies mit einer Amtszeit von 3 Jahren (Vorortprinzip, geltend bis zur Statutenreform 1910).

Wesentliches Ergebnis der Satzungsänderung 1910 ist die Errichtung eines überregionalen Hauptausschusses (für wichtige Entscheidungen zuständig), der dem Verwaltungsausschuss (für laufende Geschäfte) übergeordnet ist. Der Vorsitzende des Hauptausschusses ist zugleich Vorsitzender des DÖAVs; sein Stellvertreter ist der Vorsitzende des Verwaltungsausschusses. Der Hauptausschuss umfasst 25, der Verwaltungsausschuss 5 Personen. Hinzu kommen noch verschiedene Beiräte je nach Erfordernis.
Beim Ausbruch des ersten Weltkrieges 1914 wird das nationalistische Bekenntnis des DÖAVs propagandistisch unterstrichen und es folgt das Bekenntnis zur deutschen Kulturnation. Ab Herbst 1914, so verkündet der Verwaltungsausschuss in den Mitteilungen vom 30.9.1914, führt man in den Mitglieder-Aussendungen statt lateinischer Schrift die Bruchschrift (Fraktur) als propagandistische Maßnahme ein.

Das Kriegsjahr 1915 führt zum Mythos des Verrats Italiens. Im Mai tritt Italien in den Krieg gegen die Mittelmächte ein, was innerhalb des Alpenvereins zu Spannungen zwischen nunmehrigen Kriegsgegnern führt. Viele Berghütten und infrastrukturelle Einrichtungen des DÖAVs die sich an der Front befinden, gehen verloren oder werden gar durch Kriegshandlungen zerstört. Die Folge ist der Ausschluss der 1872 gegründeten italienischen SAT- Sektion des Alpenvereins, der Societa degli Alpinista Tridentini, im Jahr 1916. Die DÖAV- Sektion Trient übernimmt das Vermögen der aufgelassenen SAT, welches nunmehr in der Sektion Welschtirol aufgeht. In den Mitglieder- Aussendungen fordert der Alpenverein auf, die Verwelschung von Deutsch- Südtirols zu bekämpfen.

Nach Kriegsende (Waffenstillstand 11. November 1918) fallen 78 Hütten des DÖAV, die sich in Südtirol befinden an Italien, eine geschichtliche Entwicklung, die die nationalistische Saat des Unheils 20 Jahre danach in sich birgt. Im Alpenverein macht sich Intoleranz gegenüber allem Nicht- Deutschen innerhalb der eigenen Organisation breit, verstärkt auch durch die Enteignung von Vereinseigentum in den Ländern des entstehenden SHS- Staates. Es kommt zur mehr oder weniger freiwilligen Liquidation von Alpenvereinssektionen auch im Elsass, in Slowenien, in Polen und der Tschechoslowakei, wobei die Tschechen nach formeller Ablösung vom DÖAV selbständige „deutschnahe" Vereinssektionen begründen.

Zugleich kommen antisemitische Tendenzen im DÖAV und dessen Teilorganisationen zum Vorschein, dies obwohl in Spitzenzeiten ein Drittel aller Mitglieder des Alpenvereins jüdischer Herkunft sind. Bis nach dem Ende des Ersten Weltkriegs wehrt sich der Dachverband gegen einen Arierparagraphen, in den Teilorganisationen jedoch kommt mehr und mehr zur Gewissheit, was nicht hätte sein sollen. Der Dachverband kann nicht verhindern, dass sich judenfeindliche Entwicklungen in den Sektionen breitmachen, so bereits beginnend bei den Aufnahmekriterien neuer Mitglieder. Negativ zu beurteilen hinsichtlich Judenfeindlichkeit wäre insbesondere die Akademische Sektion Graz, deren Bestrebung des Jahres 1891 den Arierparagraphen einzuführen erst vom Zentralausschuss abgelehnt wird aber dann doch letztendlich umgangen wird. Dies auch, bereits um 1900, bei den Sektionen Hohenzollern und Brandenburg. Die Teilorganisation Mariahilf wird zur Sektion Wien, und bekennt sich durch ihr Statut nur

Bergsteiger arisch- germanischer Herkunft, zum Antisemitismus und zu eindeutig politischer Ausrichtung tendierend, aufzunehmen.

Mehreren deutsch-ideologisch ausgerichteten Sektionen misslingt der Versuch den Arierparagraphen im Sinne völkisch- nationalistischen Bestandteils der Bergsteigerorganisation in ihre Statuten aufzunehmen. Allerdings nur bis Ende 1919!

1919 werden vom DÖAV in Nürnberg bei deren ersten Versammlung nach dem Krieg die sogenannten „Leitsätze“ aufgestellt, so solle das Bergsteigen im gebietsmäßig amputierten Rumpfdeutschland als Mittel der „Wiederherstellung der sittlichen Kraft des Deutschen Volkes“ dienen. Es kursieren deutsch-völkische Begriffe, die der zukünftigen politischen Zeitenwende den neuen Weg bereiten. Die Alpenvereins-Sektionen Graz und Villach reichen ihre Anträge zur Schaffung des Arierparagraphens ein. In Wiens Sektion Austria nutzen Antisemiten 1921 den Abschied des liberalen Präsidenten Donabaum zum Vorstandswechsel. Es kommen Eduard Pichl als Vertreter der Lehre Georg von Schönerers, zugleich mit Unterstützung Walter Riehls von der Deutschen Nationalistischen Arbeiterpartei, in hohe maßgeblich führende Positionen. Pichl als Erster Vorstandsvorsitzender und Walter Riehl als Dritter Vorsitzender der Sektion Austria werden im Februar 1921 gewählt. Als Folge darauf kommt es zu internen Widerständen und es treten Liberale und Juden aus der Organisation aus. Nichtsdestotrotz setzt die Sektion Austria ihre Aufnahme in den DuOeAV- Dachverband durch.
1920, im Zuge der Bayreuther Beschlüsse, wird die neue Vereinslinie vorgegeben nur noch in besonderen Einzelfällen neue Hütten zu errichten und sich für Schutzzonen unberührter Landschaftsgebiete einzusetzen. Dieser vermeintliche Rückschritts- Gedanke beruht auf Geldmangel, andererseits auf Rückbesinnung auf die freie Natur.

1920 wird in den Richtlinien von Bad Tölz sogar ein Rückbau der Schutzhütten auf ein mindesterforderliches Maß beschlossen um den Touristenansturm einzudämmen. Auch das Wegenetz wird in der Zeit nach Bad Tölz vorerst nicht erweitert; Sparsamkeit und das Zurück zur Natur, so das Motto der Anfangszwanziger Jahre. Erst 1925 werden die Tölzer Richtlinien abgeändert, es können nunmehr wieder Hütten errichtet werden und lediglich die Bereiche des Hochgebirges unter hohe Schutzwürdigkeit gestellt werden. Allerdings wird diesem

Vorhaben 1929 in der Zeit der Weltwirtschaftskrise und der Tausend-Mark- Sperre ein Ende gemacht.

1922 vereinigen sich die meisten österreichischen und deutschen (Münchner) Sektionen zum Deutsch- völkischen Bund, mitsamt der gemeinsamen Forderung, den liberalen Bund der Donauländer Sektion auszuschließen. Dazu kommt es aber letztendlich nicht da bei den Hauptversammlungen in Bayreuth und Bad Tölz 1922 und 1923 keine Zweidrittel- Mehrheit zur Satzungsänderung erzielt werden kann. Es droht nunmehr die Vereinsspaltung, dem der Dachverband im Jahr 1924 doch noch mit dem Ausschluss der Sektion Donauland im Dezember 1924 entgegentritt, um Schlimmeres zu verhindern. Der Antisemitismus erreicht mit diesem Schritt einen Höhepunkt. Als Gegenleistung verpflichtet sich Pichler für die nächsten acht Jahre auf den Arierparagraphen zu verzichten. Als weiteres Zugeständnis gilt die Auflösung des Deutsch- Völkischen Bundes.

Frappant bei dieser Entwicklung ist, dass zum Zeitpunkt des Ausschlusses die Arierparagraphen bei 96 von 100 österreichischen Sektionen bereits gelebte Tatsache sind, im Gegensatz zu den meisten Deutschen Sektionen, in denen dies eher als Ausnahme gilt. Nun opfert also der Dachverband die liberale Sektion Donauland im Abtausch gegen eine befürchtete Spaltung der Gesamtorganisation. Als Protest gegen den Ausschluss und die Entwicklung in Österreich formieren sich 1925 im Deutschen Reich die Mitglieder der Sektion Berlin zum Deutschen Alpenverein Berlin (welcher nicht dem DuOeAV angehört), ebenso verhalten sich Mitglieder aus München welche gemeinsam mit den Berlinern den neuen „Süddeutschen Alpenverein“ im Jahr 1927 gründen; beide Organisationen schliessen sich dem nun selbständigen Alpenverein Donauland an.

Aufkommende Arierparagraphen, Revanchismus (vor allem gegenüber Italien), der Gedanke des Ausschlusses von Mitgliedern verfeindeter Staaten des Weltkrieges und sogleich der Wunsch der Eingliederung Österreichs in die deutsche Volksgemeinschaft machen sich durch oftmals umstrittene interne Entscheidungen des DÖAVs breit.
Im Deutschen Reich wird nunmehr der Deutsche und Österreichische Alpenverein als Folge des Ausschlusses der Sektion Donauland als Vorreiter der antisemitischen Bewegung angesehen.

Der DuOeAV mit Sitz in Stuttgart von 1933- 1937 kann sich nach Hitlers Putsch dank seiner zwischenstaatlichen Positionierung vorerst noch der Gleichschaltung entziehen. Doch diesem Zustand wird nach der Eingliederung Österreichs und dem Sudetenland ein Ende gemacht, nun lautet der Vereinsname nur noch „Deutscher Alpenverein“, der als Fachverband Bergsteigen in den NS- Reichsbund für Leibeserziehung unter dem neuen Vereinsführer Arthur Seyß-Inquart eingegliedert wird.

Die Aussendung der „Mitteilungen“ erfolgt nunmehr als Beilage zum NS- Blatt „Bergsteiger“. Selbstredend, dass die neue Staatsherrschaft mit der Gleichschaltung den Arierparagraphen in allen Organisationen des Alpenvereins fordert. Die ursprünglich unpolitische Richtung des DÖAV verliert ihre Unschuld.

Die Nachkriegszeit des Alpenvereins: Mit Kriegsende wird der Verein aufgelöst. Schon 1945 wird der Österreichische Alpenverein ÖAV neu gegründet, der Deutsche Alpenverein DAV im Jahr 1950. Bis 1956 wird das Vermögen (Hütten, Grund und Boden) des DAVs durch den ÖAV treuhändig verwaltet und zwischen 1952 und 1956 rückgeführt. Beide vorgenannten Alpenvereine ÖAV und DAV, des Weiteren der Südtiroler Alpenverein AVS und der Liechtensteiner Alpenverein, den es ab 1909 als Sektion Liechtenstein gibt. Diese gelten als befreundet und sind heute Partner im multilateralen Abkommen des Gegenrechts auf Hütten.

Wer sich mit dem Gebiet „Alpenverein und Philatelie“ beschäftigt, wird nicht darum herumkommen sich mit der Historie eines der bedeutendsten Vereine im deutschsprachigen Raum zu befassen. In meinem Bestreben die Ausführungen kurz, prägnant und übersichtlich zu halten scheitere ich an der Komplexität des großen Umfangs der Gründungs-, Entwicklungs- und Entstehungshistorie des DÖAV. Aus geplantem historischem Überblick werden mehrere Seiten, ebenso wie aus dem geplanten gesamten Buchwerk, welches hier vorliegt. Es wird zu einem in Erstellung und Recherche mitsamt Detailrecherche arbeitsaufwendiges Vorhaben.

Bewusst beende ich den geschilderten Zeitablauf mit der Neugründung zu Beginn der zweiten Republik, da nach der Letztausgabe der Versandschleife vom Dezember 1938 der philatelistisch relevante Zeitrahmen des Schleifen- Sammelgebiets beendet ist.

In unserer Zeit, 2025, hat der Alpenverein 726.000 Mitglieder. Noch weitaus umfangreichere und ergänzende Informationen zu allen Bereichen des Alpenvereins bis zum heutigen Tag liefert die Webseite alpenverein.at, die ich dem geneigten Leser nahelege. Durch Aufbau und Strukturierung der historischen Schriften zeigt der Alpenverein mit dem Finger auf unrühmliche Themen der Vergangenheit, die zum Nachdenken anregt. Mein Großes Danke für Kooperation, Hilfestellung und Fragenbeantwortung an dieser Stelle geht an den engagiert bemühten Archivleiter des Alpenvereins, Herrn Martin Achleitner.

Bitte auch zur Beachtung am Ende dieses Werks:
Kapitel 9.3. „Bezugsquellen, Literatur und PR“

3.2.
Begriffsbestimmung „Streifband“

Streifband: Die Amtlichen Streifbänder („Zeitungsschleifen“) erscheinen in der Monarchie ab 1872, um den Versand von Zeitungen und Drucksachen porto- und verpackungstechnisch zu optimieren.

Der Vertrieb dieser Schleifen mit eingedrucktem Wertzeichen erfolgt an die Postämter und Briefmarken- Verschleißstellen in Paketen zu 50 Stück zum Preis von 1,10 Gulden (offizielle Wertbezeichnung 1 fl. 10 Nkr.). Die Postämter und Verschleißer wiederum beliefern den privaten Endkunden in Stückelungen zu 5 Stück Mindestabnahme zum Preis von 11 Neukreuzer.

Die Versender periodischer Druckschriften erwerben die Schleifen im Komplettbogen mit jeweils 6 Schleifen in Partien zu 10 Bögen (somit 60 Einzelschleifen) zu je 1 fl. 32 nkr., wodurch sich rechnerisch ein Papier- und Druckkostenaufschlag von 0,2 Neukreuzern für jede Einzelschleife ergibt. Zusatzfrankaturen zur Schleife sind zulässig und erforderlich, sobald die Sendung ein Gewicht von 3 Zoll- Loth (das sind 46,875 Gramm, denn ein Loth entspricht ab 1857 einem Gewicht von 15,625 Gramm) überschreitet.
Dargestellte Kalkulation gilt beispielhaft für das Jahr 1872 und kann als kalkulierter Druck- und Gewinnaufschlag für Papier und Vertrieb in allen Portoperioden der in diesem Buch betrachteten Streifbänder in etwa angesetzt werden.

Amtliche Streifbänder: Der Ausgabebeginn amtlicher Streifbänder ist 1872 und endet am 10. April 1916. Private Streifbänder, man beachte die Streifbänder des DÖAV sind allesamt Privatstreifbänder! gibt es bis 1922, danach auch noch in den Jahren 1928- 1938. Zwischen 1922 und 1938 besteht Barfrankatur- Pflicht beim Streifbandversand. Ich erfasse in diesem Werk die jeweiligen Zeitspannen in Form von sechs Perioden die sich voneinander durch Gegebenheiten wie Typus und Stempelung und Zeitintervalle voneinander abgrenzen

Private Streifbänder mit privatem Werteindruck kommen zwischen 1900 und 1922 in mannigfachen Bild- und Wertstufentypen vor. So listet Franz Schneiderbauer in seinem 1981 erschienenen Katalog 85 verschiedene Klischeevarianten bzw. Katalognummern die Private als auch Firmen beauftragt haben. Im Zeitraum der Monarchie verfügt die Postverwaltung, dass das Markenbild ident mit jenem der zeitmäßig aktuellen Auflage der Zeitungsmarken sein muss wobei die Farbe stets vom Original der Zeitungsmarken abzuändern ist.

In diesem Werk erfasse ich jene amtlichen und privaten Streifbänder, die mit amtlichem oder privaten Werteindruck versehen sind und für die Versandtätigkeit des Deutschen und Österreichischen Alpenvereins zum Einsatz kommen. Somit geht es um Streifbänder die zwischen 1903- 1922 sowie in den Jahren zwischen 1928 und 1938 erscheinen. Das DÖAV-Streifband mit Wertzeicheneindruck wird aufgrund unterschiedlicher Konfiguration, Versandmodalität und Aussehens über sechs Perioden hinweg betrachtet und aufgegliedert, siehe **4.1-4.6,** in denen ich die einzelnen Periodenausgaben genau beschreibe. Die Preisbewertungen nach Punkten entnehmen wir dem Kapitel 6., der Haupttabelle Punktebewertung aller Eindruckklischees.

Das charakteristische Aussehen der DÖAV- Streifbänder umfasst während der ersten beiden Perioden 1903-1910 die Absenderangabe „Mitteilungen des D. u. Ö. A.-V., Wien VII-1, Kandlgasse 19- 21“, Weiters das Klischee mit Werteindruck und Wertangabe, hergestellt von der Österreichischen Staatsdruckerei. Die seriell voradressierte Adresschleife bezeichnet den Empfänger; interessant dabei ist die eingefügte Kundennummer des jeweiligen Empfängers.

Thema Holzhausen:
Weitgehend unbekannt ist der Umstand, dass der DÖAV- Versand der Mitteilungen ausgelagert ist, und zwar an die Wiener Firma Holzhausen Der Alpenverein übermittelt die Kundenadressen an Holzhausen, welche die Adressenverwaltung mitsamt dem Vertrieb übernimmt. Man würde diese Vorgehensweise heute als Outsourcing bezeichnen. Erst im Jahr 1939, vermutlich bedingt durch die Übernahme Österreichs durch Hitlers Schergen, übernimmt der DÖAV die Adressierungsvorrichtung mitsamt Kundendaten von Holzhausen, wobei die näheren Umstände dem Buchautor nicht bekannt sind.
Wesentlich dabei ist, das Vertrieb, Verpackung, Versand der Schleifen auf der Logistik Holzhausens beruhen. Kundennummer, interne Abo-Vermerke auf den Zeitungsschleifen als auch Farbe der Adresszettel sind keine arttypischen DÖAV-spezifisch zweckdienlichen Merkmale weshalb ich auch die Recherche nach einer Antwort auf die Frage

warum verschiedenfarbige Adresschleifen zum Einsatz kommen beende. Die Farbschleifen sind DÖAV-externe Produkte.

Ich behandle in diesem Buch ausdrücklich jene DÖAV-Streifbänder die als Ganzsachenverwendung mit Wertstempeleindruck vorkommen, d.s. jene Ausgaben zwischen 1903 und 1938. Ergänzend dazu sei aber nicht vergessen, dass es die Aussendungen auch schon vor 1903, nämlich ab etwa 1890 (Frei- oder Zeitungsmarkenfrankatur) gibt. In allen Versandperioden kommen seltene, hochattraktive Streifbänder mit Frei- bzw. Zeitungsmarkenfrankaturen vor, die beachtet werden sollten.

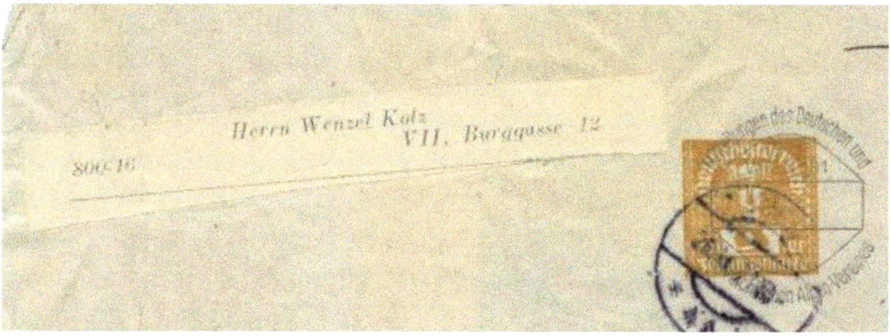

Abb. Streifband Nr. 20 (60 Punkte) vor und nach der Portoerhöhung.

Speziell die österreichische Inflationszeit erfordert durch kurzfristige Tariferhöhungen beim Streifbandversand Zusatzfrankaturen.

Siehe diesbezüglich auch im Detailkapitel **5.4. „Zusatzfrankaturen“** nach wo derart interessante seltene Belege abgebildet sind, sowohl mit Freimarken- als auch als Zeitungsmarken-Zusatzfrankatur.

3.3.
Wie und nach welcher Chronologie sammeln ?
Hinweise zum Sammlungsaufbau

Wir Sammler kennen das Thema: Es gibt keinen Anfang und kein Ende. Es kann je nach Sammlerinteresse individuell eingeschränkt/ erweitert werden.
Wer beispielsweise nur Schleifen mit Buchdrucks-Vorausentwertung von 1910-1922 sammelt wird auf der Suche nach den meisten Typen dieser DÖAV- Streifbänder rasch fündig und kann sich an meiner Listung **Kapitel 6. „Haupttabelle Punktebewertung“** orientieren. Dieses Sammeln ist die simple allereinfachste Art, auch die rein optisch bunteste, fürs Album. Bei derartigem Sammlungsaufbau kann es dann notfalls vorkommen, dass ein mangels vorliegenden Materials fast unleserlicher Datumsstempel zu Sammlerehren kommen kann, so wie die unten gezeigte „Straberger“- Schleife.

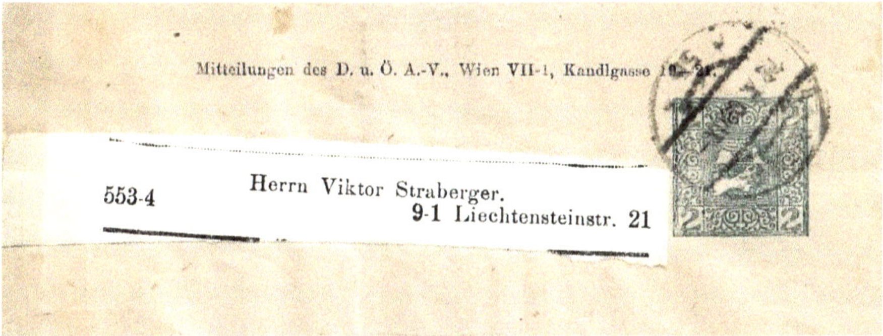

Gerade noch bei hoher 300 dpi- Scanauflösung lesbarer Ankunftsstempel WIEN vom 18.X.09 auf der Zeitungsschleife Nr. 8 (40 Punkte). Auch in diesem Zustand gilt noch volle Punktebewertung! Etwa 75% aller Inlandsschleifen sind leider derart unlesbar oder mit öligem Stempelabdruck versehen dass sie für den qualitätsbewussten Sammler nur eingeschränkt brauchbar sind.

Viele Philatelisten sammeln Ganzsachen und Abstempelungen, ein Unterkapitel beider Spezialthemen bieten Streifbänder und DÖAV-Vorausentwertungen. Mancher österreichische Heimatsammler sucht ein Belegstück mit Stempel, in unserem Fall einen Ankunftsstempel, von seinem Wohnort. Ein Faktum, das mit dazu beiträgt, dass gerade die österreichischen Inlandsschleifen mit Zeitungsmarkeneindruck derart selten sind. Obig abgebildete DÖAV- Schleife ist vom Zustand her allemal ein gutes Stück für die Alpenvereins- oder Alsergrund-Heimatsammlung.

Wer sein Hobby intensiviert kann auch beliebig erweitern wenn es um die speziellen DÖAV-Versanddaten geht, die ich im Buchteil siehe **Kapitel 7. „DÖAV-Streifbandversand nach Versanddatum“** nenne.

Ein nächster Schritt in der Evolution ist die wohl aufwendigste Art sich eine umfangreiche Spezialsammlung aufzubauen. Man sammelt dann jeweilige Streifbänder nicht nur nach Wertstempel und Versanddatum spezialisiert sondern auch nach Stempel-Unterscheidungsbuchstaben unterschieden. Diese Varianten der Buchstaben (im Katalogteil kurz als UB bezeichnet) ergeben sich beim Sammeln großteils von selbst, wenn man mehrere Schleifen in einem Lot auf einmal erwirbt und den Poststempel beachtet, sofern er- hoffentlich- gut lesbar ist.

Stempelinteressierte Sammler weise ich hin auf Abbildungen, Listung und Beschreibung der **„Stempeltypen der DÖAV-Versandperioden“** im Kapitel 4.3.2. Deren tabellarische Auflistung folgt im Kapitel 4.3.3.

Auszug aus der Haupttabelle Kapitel 7. „DÖAV- Streifbandversand nach Versanddatum“

160 P	Mitte Juni 1914	11a 	**Letzttag** dieses Streifbands 10 Heller rot welches ab Mitte Mai 1910 zum Versand in „Alle Welt“ der 2. Gewichtsstufe (20-40 Gr.) in die Tarifzone C „Ganze Welt“ verwendet wurde.
4 P	Ende Juni 1914	9a 	3 Heller-Streifband Jubiläumsausgabe 1908 für den Versand in das Deutsche Reich, Tarifzone B, 1. Gewichtsstufe bis 50 Gramm.

Den umfangreichsten Teil dieser Erfassung der DÖAV- Streifbänder stellt Kapitel **7. „DÖAV-Streifbandversand nach Versanddatum“** dar mit dem der Sammlerschaft ein umfangreiches Arbeitswerkzeug in die Hand gegeben wird. Fragen nach Katalognummer, Stempeldatum, Stempeltypen und Besonderheiten werden dort, so weit wie möglich, erörtert. Die dort genannten Punktewertungen entsprechen aktueller Marktbeobachtung und Recherche. Doch der Markt macht den Preis!

Ein Tip zum abwechslungsreichen Sammlungsaufbau
Der Buchverfasser vermeidet allzu oft denselben Schleifenempfänger in die Sammlung aufzunehmen. Viele unterschiedliche Namen und Adressen der Alpenvereinsmitglieder in unterschiedlichen Regionen und Ländern lockern die Sammlung auf und machen sie kreativ, bunt und vielfältig. Siehe beispielsweise auch die Auslandsstreifbänder im **Buchkapitel 8. „Destinationen, das Sammeln nach Zielländern“**.
Die Beschäftigung mit unserem Sammelgebiet ist nebenbei auch die Möglichkeit sich mit den deutschen und österreichischen Gebietsveränderungen vor, während und nach dem Ersten Weltkrieg anhand vorliegender Zeitdokumente, die die DÖAV-Schleifen nun einmal sind, zu befassen.

Wahrscheinlich, es ist gewollter Buchzweck, findet der Sammler beim Studium dieser Schrift noch weitere Ideen zum Sammlungsaufbau.
Wovor ich persönlich abrate ist das Zusammentragen der fast wertlosen Ganzsachenausschnitte, so wie man sie früher in der gar nicht so guten „Alten Zeit“ gesammelt hat. Ausgeschnitten und zu allem Überdruss mit Kleber in ein Vordruckalbum einbetoniert. Man wusste es damals nicht besser. Diese Ganzsachenausschnitte machen sich allenfalls noch gut, um die Buntheit und Vielfalt auf kleinem Platz zu demonstrieren, beispielsweise auf der nächstfolgenden Seite dieses Buches. Ich habe aus derartig aus Restbeständen bestehenden Ganzsachenausschnitten ein kleines Potpourri zusammengestellt, der optischen Schönheit wegen aber auch als Mahnung davor unachtsam mit Artikeln umzugehen, die einem Sammler hätten Freude machen können,…

Wer sich für den Alpenverwein vom historischen Standpunkt über die Behandlung in diesem Buch hinweg interessiert, der kann in fast jedem Buchantiquariat fündig werden. Die „Mitteilungen“, „Jahrbücher“, aber auch die Ansichtskarten von Generalversammlungen, Hüttenstempeln, Medaillen, Memorabel aller Art sind zumeist noch günstig aus Nachlässen beschaffbar.

XV WIEN 101
JULI 1935
ÖSTERREICH
4
GROSCHEN
BAR BEZAHLT
XV WIEN 101
SEPTEMBER 1938
DEUTSCHE
4
REICHSPOST
BAR BEZAHLT

3.4.
Auflage, Wert und Seltenheit der Alpenvereinsschleifen

Beginnend mit der ersten Ganzsachenschleife des Alpenvereins mit Werteindruck aus 1903, die letztendlich als reines Versandmittel zur Begleichung von Zeitungsversandgebühren gilt, kann von gewissen Auflagenhöhen der Aussendungen ausgegangen werden. Wir kommen mit nachfolgender Kalkulation anhand der Mitgliederstatistiken zu einer realistisch geschätzten Auflagenhöhe der Streifbänder.

Grob- Kalkulation der Auflagenhöhe am Beispiel Jahrgang 1903
Mitglieder der Alpenvereinsorganisation erhalten in mehr oder weniger regelmäßigen Aussendungen das Rundschreiben mit dem Titel „Mitteilungen des D.u.Ö.A.-V., Wien VII-1, Kandlgasse 19-21“. Zum Zeitpunkt 1903, so geht es aus den Aufzeichnungen des historischen Archivs des DÖAV Innsbruck hervor, hat der Alpenverein in Österreich 15.803 registrierte Mitglieder und im Deutschen Reich 42.802. Was allerdings nicht bedeutet dass die Anzahl der Aussendungen gleich 15.803+ 42.802= 58.605 ist da die „Mitteilungen“ ausschließlich an A-Mitglieder verschickt werden- ein Umstand, auf den ich bereits im Vorwort dieses Buches eingehe.
Auszug aus vorherigem Kapitel 2.1. „Vorwort des Verfassers“:
Die Mitteilungen werden an alle A- Vereinsmitglieder versandt. Dieser „Zwangsbezug“ der Mitteilungen an A- Mitglieder bedeutet dass Mitglieder mit ermäßigtem Beitrag, wie z.B. Familienangehörige im gleichen Haushalt, die Aussendung nicht erhalten.

Wir können uns, grob geschätzt, bei der Schätzung der Versand-Auflagenhöhe der DÖAV- „Mitteilungen“ auf etwa zwei Drittel der jeweiligen A- Mitgliederanzahl vom Deutschen Reich und Österreich einlassen was im oben betrachteten Jahrgang 1903 einer tatsächlichen Versandauflage je Mitteilungsblatt des DÖAVs von etwa rund 39.000 Stück entsprechen mag.

Zweites großes Fragezeichen ist wieviel mögliche Exemplare es von den verwendeten Schleifen heute gar noch geben mag. Nachdem diese zur damaligen Zeit kaum gesammelt wurden, da als philatelistisch wertlos betrachtet, gehe ich als Buchverfasser, der sich mit der Materie beschäftigt, von maximal 3-5 % Restbestand aus, woraus sich eine theoretisch verbliebene Restmenge 5% von 39.000= rund 2.000 Stück je Aussendung ergeben mag, vielleicht weniger oder vielleicht mehr. Diese uns verbliebene Restmenge gilt es nun nach Wertstufen je nach dem Zielland zu differenzieren was die Schätzung noch vorhandener Exemplare unmöglich macht, gibt es doch von mancher Auflage bis zu vier Eindruckklischees unterschiedlicher Wertstufen.

Abgesehen vom Deutschen Reich sind andere Zeitungsschleifen-Empfängerländer des DÖAV aus den Anfangsjahren nach 1903 kaum bekannt, allenfalls äußerst selten. Nächstes Abzugskriterium, welches die Anzahle der Schleifen verknappt ist, das nur die wenigsten Schleifen sammlungstauglich sind, da oft weder der Stempeltyp noch das Stempeldatum lesbar ist. Sehr wenige Schleifen gibt es immer jeweils für den Tarif der zweiten Auslands- Gebührenstufe (ident mit österreichischer Drucksachengebühr) der 5-und 10- Heller-Nominalen.

Kaum vorkommend sind sämtliche Zeitungsschleifen. Es sind jene in der österreichischen k.u.k.- Monarchie beförderten „Mitteilungen", die eigentlich- wenn wir der statistischen Auswertung der Alpenvereins-Mitgliedszahlen folgen- in der Anzahl von 20- 25% der Gesamtauflage vorhanden sein müssten. Das sind sie aber nicht; die noch vorhandenen Restbestände der Inlandsschleifen („Inland" sind k.u.k.- Gebiete) sind minimal und selten am Markt anzutreffen- sei es im Internet- oder im stationären Handel.

Konkret werden die Österreich- Schleifen wohl nur ein Prozent der deutschen Schleifen ausmachen, obwohl das Verhältnis bestehender Mitgliedschaften Deutsches Reich: österreichischer Monarchie über sämtliche Jahrgänge 1903-1938 etwa 1:3 beträgt.

Während die gängigen Streifbänder in das Deutsche Reich Massenware sind und oft in Sammellots zu 100- 200 Stück angeboten werden, sind Österreich- Schleifen des DÖAV mit lesbarem Ort und Datum einzeln erst ab 30- 40 Euro zu bekommen.

Die Mitgliederzahl des DÖAVs steigt nach 1903 kontinuierlich an, wie wir nachfolgender Graphik des Alpenvereins entnehmen können. Praktischerweise mitsamt Differenzierung der jeweiligen Mitglieder nach Heimatländern Deutsches Reich- Österreich- Sonstige Nationen.

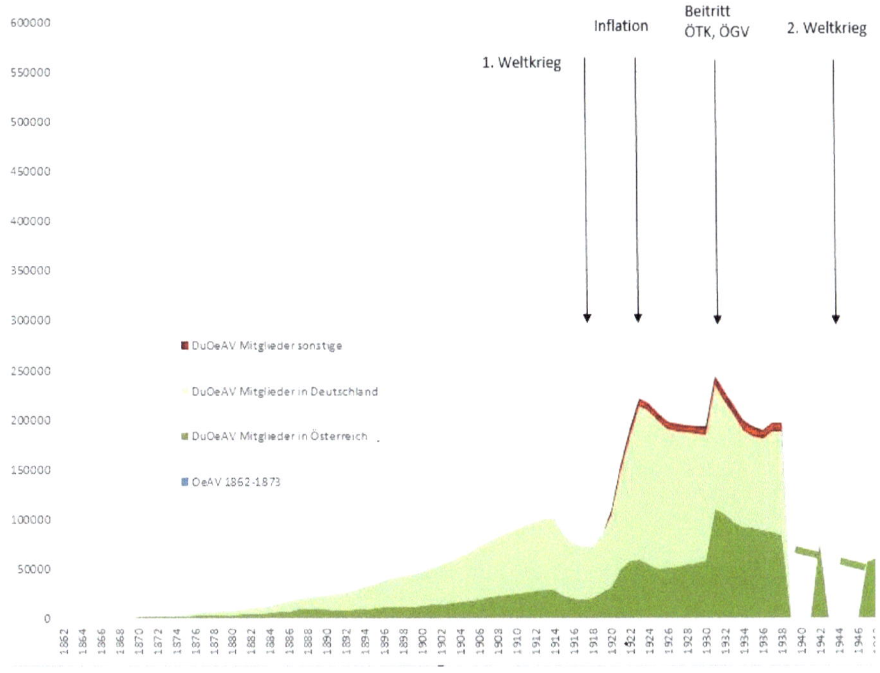

So geht es über die Jahre hindurch, stets von Auflagerelationen ca. 1:3 zwischen beiden Ländern ausgehend. Der Grafik ist ersichtlich dass sich der DÖAV in den Nachkriegsjahren nach dem Ersten Weltkrieg größter Beliebtheit erfreut. Wegen Papier- bzw. Rohstoffmangels wird in der Zeit zwischen 1922- ca. 1925 der zuvor erörterte „Zwangsbezug" für die A-Mitglieder aufgehoben, sodass diese entweder verzichten oder für den Erhalt der „Mitteilungen" extra bezahlen müssen. Dadurch sinkt, trotz steigender Mitgliederzahlen, kurzfristig die Auflage der versandten „Mitteilungen" auf etwa 20.000 Stück ab, steigt jedoch bis 1926 auf 58.000 Exemplare an, sodass sich der Verein ab 1926 dazu entschließt wieder den kostenlosen Versand für alle A- Mitglieder einzuführen. Wir stellen somit fest dass die Auflagenzahlen einzelner Streifbandvarianten auch abhängig davon sind, ob der Versand kostenlos oder für die Mitglieder gebührenpflichtig ist.

In **Kap. 6. „Haupttabelle Punktebewertung der unterschiedlichen Eindruckklischees"** sind alle derzeit hier erfassten DÖAV-Schleifen ausgezeichnet und gegliedert, aufsteigend nach Katalognummer und bekanntem Ausgabezeitpunkt nach Seltenheits-Punkteschema.

4.1.
DÖAV- Periode I vom 18.02.1903- 13.05.1907
Normale Abstempelung, noch keine Vorausentwertung

Zeitungsmarke für Tarifzone A Inlandsversand	Freimarke für Tarifzone B DR	Freimarke für Tarifzone B/ C DR	Freimarke für Tarifzone B/ C DR, weltweit	Freimarke für Tarifzone B/ C DR, weltweit

Nummer 1 **Punkte:60**	**Nummer 2** **8 Punkte** für Verwendung in Periode I	**Nummer 3** **Punkte:20/ 80**	**Nummer 4** **Punkte:20/ 80**	**Nummer 5** **Punkte:60**

Die Auflistung der verschiedenen bekannten Schleifentypen, Klischees und Vorausentwertungen ist der umfassenden Tabellenübersicht des **Kapitels 7.** zu entnehmen. Wertmäßig nach Punkteschema bietet uns das **Kapitel 6. „Punktebewertung“** eine umfassende Auflistung.

Als Werteindruck für den Versand im Inland kommt in dieser Periode die „2 Heller Merkur hellgrün nach links“ (Nr. 1) vor.

Als Werteindruck für den einfachen 20 Gramm- Versand ins Deutsche Reich kommt in dieser Periode 3 Heller- Marke „Kaiser Franz Joseph braun im Torbogen“ zur Verwendung. Für die schwereren Streifbänder der zweiten Gewichtsstufe 20- 40 Gramm werden ins Deutsche Reich die 5 Heller, anfangs schiefergrün und später in Farbänderung grasgrün, eingesetzt.

Eine Besonderheit bei der Punktebewertung der 5 Heller- Schleifen:
Die beiden 5 Heller- Werte können (wie zumeist) für Versandschleifen der 2. Gewichtsstufe (20- 40 Gramm) in das Deutsche Reich verwendet werden als auch für den einfachen Versand bis 20 Gramm in die Tarifzone C „Alle Welt“. Aus diesem Grund gibt es für die 5 Heller- Ausgaben zwei Punktewertungen. Bei Nennung von „Punkte 20/ 80“ ist gemeint 5 Heller ins Deutsche Reich= 20 Punkte, 5 Heller in das „Sonstige Ausland“, Tarifzone C, 80 Punke.

Weiters kommt in dieser Versandperiode die äußerst seltene Ausgabe der Nr. 5, die 10 Heller KFJ rot (Nr. 5) für die Tarifzone C zum Einsatz.

In dieser Versandperiode findet erstmals überhaupt Streifbandversand in Länder außerhalb der österreichischen Monarchie und des Deutschen Reichs statt. Siehe die In- und Auslands- Portotabellen des Kapitels 5.

Der Manipulationsablauf beim Versand von Streifbändern ist wie folgt: Bei gebündelter (Massen-) Aufgabe, wie sie bei DÖAV- Aussendungen üblich ist, wird die mit Freimarkeneindruck bedruckte Schleife beim Aufgabepostamt (für Auslandssendungen!) gestempelt, beim Versand im Inland (mit Zeitungsmarken oder -Eindrucken frankiert!) erfolgt die Entwertung stets beim Empfängerpostamt.
Kaum vorkommend doch der Vollständigkeit halber erwähnt erwähne ich hier die Variante der Einzelaufgabe, die beim DÖAV-Versand kaum vorkommen wird. Bei Einzelaufgabe für das In- und Ausland werden die Zeitungen, jeweils versehen mit den jeweils vorfrankierten/ bedruckten Schleifen, beim Aufgabepostamt gestempelt.

Typisches Merkmal für die Verwendung in der Periode I ist dass der Stempel oft über die Adresschleife ragt („gestempelte Adresschleife“). Diese Vorgehensweise gilt beim DÖAV- Streifbandversand für die hier beschriebene Periode I, wird aber später zwecks Vereinfachung des Versands sowohl für den Absender (Streifbandversender) als auch für die Post in der Folgeperiode II abgeändert.

Leider lässt die Lesbarkeit der Poststempel speziell bei den DÖAV-Schleifen dieser ersten Periode zu wünschen übrig. Die abgebildeten Streifbänder auf der Folgeseite „Abbildungen ad 4.1“ zählen schon zu den besseren Stempelqualitäten.

Das Stempeln von Schleifen der Massenabfertigung, die bereits über eine dicke Zeitung (weiche Unterlage) gestülpt werden, geschieht zumeist im Schnellverfahren vom Postbeamten. Somit sind gut lesbare Stempel gerade aus der I. Periode relativ selten. Zu beachten sei auch das Zeitungsschleifen schon damals ein Wegwerfprodukt waren, so wie heute die Massensendungen mit Freistemplern und „Gebühr bezahlt“- Bildchen, die den Briefmarkensammler vergrämen.

Zeitungsschleifen der Periode I und II sind wegen der gewöhnlichen Poststempel, ob In- oder Auslandsendungen, für den Normalsammler von relativ geringem Interesse im Vergleich zu den später eingesetzten optisch attraktiven Vorausentwertungsstempeln der Perioden III und IV. daher wird „DÖAV“ oft erst ab 1910, dem Beginn der „typischen“ Vorausentwertung, gesammelt. Das hat zur Folge, dass die Marktpreise bei Auslandsschleifen der Perioden I und II gering bewertet sind.

Die Abstempelungstypen, die bei dieser Schleifenausgabe zum Einsatz kommen sind in **Kapitel 4.3.2. „Stempeltypen der ersten drei DÖAV-Versandperioden“** beschrieben und im **Kapitel 4.3.3. „Tabelle Stempelkunde DÖAV“** abgebildet.

Abbildungen ad 4.1.

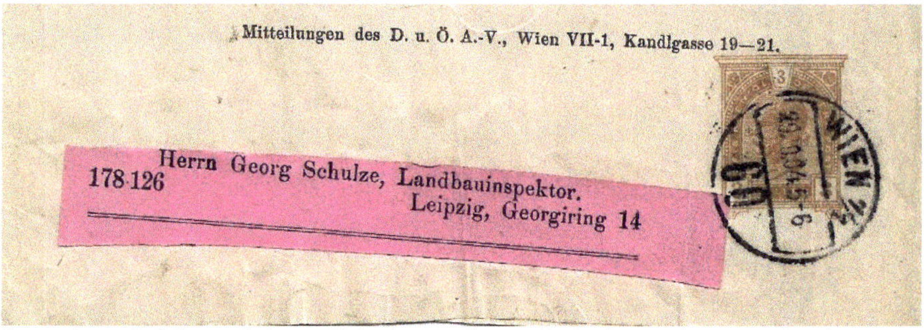

Stempeltype 4: Sehr gut lesbarer Einkreis- Handstempel mit abgerundeter Innenbrücke „Uhrzeit ohne V oder N“ (17.11.1903- 29.12.1904). 3 H- Streifband Nr. 2, WIEN 29.10.04, ins Deutsche Reich, die Adresschleife wird häufig vom Poststempel getroffen (typisches Zuordnungsmerkmal für Periode I). Die Abstempelungsqualität der Periode I ist oft schlecht.

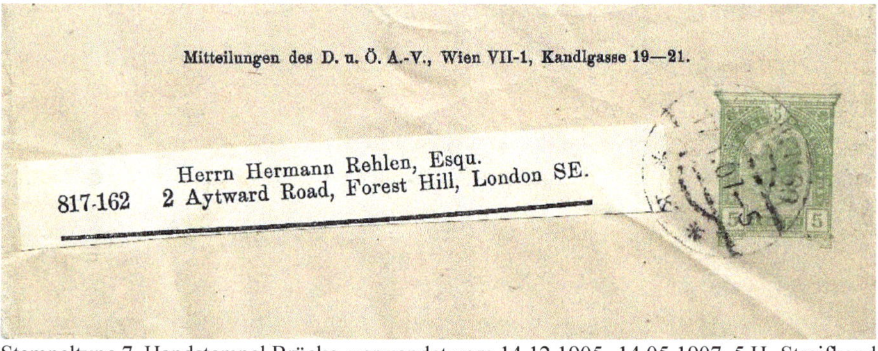

Stempeltype 7, Handstempel Brücke, verwendet vom 14.12.1905- 14.05.1907. 5 H- Streifband Nr. 4 (grasgrün) 17.I.07, Drucksachen- Gebühr 5 Heller bis 20 Gramm in das seltene Zielland England. Nicht- deutschsprachige Destinationen sind sehr rar, LP ! Poststempel auf die Adresschleife reichend. Siehe auch **Kapitel 5.2. „Postgebühren Ausland 1903- 1938“.**

4.1.1. Exkurs: Ganzsachenkuriosum der Versandperiode I

Eine besondere Ganzsache, wenn auch vermutlich nicht einmalig, liegt als Belegkopie vor. Mit Ankunftsstempel von Wien 65 vom 15.VI.06 versendet der DÖAV seine „Mitteilungen" möglicherweise einmalig nicht unter Streifband sondern als größere Inlands- Privatganzsache für den Zeitungsversand im Format ca. 23 cm x 16 cm.
Der unmittelbare Grund für diese vom üblichen Streifbandversand abweichende Maßnahme ist nicht bekannt. Angeblich wird auch das Streifband Nr. 15 als Großkuvert versandt (womit es kein „Streifband" mehr wäre). Dieses liegt jedoch weder im Original noch als Kopie vor.

Wertstempeleindruck von Streifband Nr. 1 auf Großkuvert ca. 23 x 16 cm, AK 15.VI.05. Bewertung 300 Punkte., C by ebayuser buchen17.

Auszug aus Kapitel 6. „Haupttabelle Punktebewertung"

Nr. 15

Punkte: 300

einmalig verwendet
Ende Juni 1913

Zeitungsmarkeneindruck 6 Heller braun mit zweiteiligem Buchdruck- Aufdruck „Ende Juni 1913", Verwendet für die 2. Inlands- Gewichtsstufe; das DÖAV-Streifband erscheint ausnahmsweise im ungewohnten Überformat!

4.2.
DÖAV- Periode II vom 14.05.1907- 30.03.1910
Vorausentwertung Streifbandsendungen in das Deutsche Reich

Zeitungsmarke für Tarifzone A Inlandsversand

Nummer 1
Punkte:60

Freimarke für Tarifzone B DR

Nummer 2
6 Punkte für Verwendung in Periode II

Freimarke für Tarifzone B/ C DR, weltweit

Nummer 4
Punkte:20/ 80

Freimarke für Tarifzone B DR

Nummer 6
Punkte:6

Freimarke für Tarifzone B/ C DR, weltweit

Nummer 7
Punkte:20/ 40

Freimarke für Tarifzone C weltweit

Nummer 11
Punkte:250

Zeitungsmarke für Tarifzone A Inlandsversand

Nummer 9
Punkte: 40

Das Befassen mit dieser Versandperiode erfordert Grundverständnis zur Systematik der Vorausentwertung. Vorausentwertungen gibt es in dieser DÖAV-Periode ausschließlich auf Streifbändern die in das Deutsche Reich (Tarifzone B) befördert werden.

Nur in das DR erfolgt Massenversand in solchem Umfang dass das Vorausentwertungssystem effizient wird. Es kann daher weder in die Tarifzonen A der k.u.k.-Monarchie noch in die Tarifzone C postalische Vorausentwertungen geben, siehe dazu die Erläuterungen in weiterer Folge dieses Kapitels.

Die temporär stoßbedingte Auslastung durch den Massenversand eingestreifter Zeitungen führt beim Versand der DÖAV- Streifen zur Effizienzsteigerung für Auslandssendungen ins Deutsche Reich. Der Alpenverein übergibt die von der Druckerei bogenweise ausgelieferten gedruckten Blanko-Streifbänder (Zehnerbögen) dem Postamt. Dort findet dann die Vorabstempelung (Vorausentwertung!) in das DR statt.

-Tarifzone A Inland Österreich
Somit führt das System der Vorausentwertungen dazu dass die DÖAV-Streifbänder je nach Zielland unterschiedlich behandelt werden. Klar, daß Streifbänder innerhalb der Grenzen von Österreichs Monarchie mit Zeitungsmarken freigemacht und beim Ankunftspostamt gestempelt werden; eine Tatsache, die per se keine Vorausentwertung darstellt.

-Tarifzone B Deutsches Reich
Vorausentwertungen gibt es nur auf Streifbändern der Tarifgruppe B (Versand in das Deutsche Reich) während es in alle anderen Länder (sofern nicht dem Deutschen Reich zugehörig) keine Vorausentwertung gibt. Der Grund des Verzichts der Vorabstempelung wird erst schlüssig anhand der Überlegung dass es sich bei derartig wenigen Sendungen in „Drittländer“ um nur sehr wenige DÖAV-„Mitteilungs“- Empfänger handelt deren Postabfertigung weiterhin per Handstempel sinnvoll ist

-Tarifzone C „Sonstige Länder“ sind soeben besagte „Drittländer“ in die Streifbänder nicht vorausentwertet werden. Ob und welch derartige Rationalisierungsmaßnahme auf postalischer Verfügung „von oben“ beruht, ist heute nicht mehr nachvollziehbar, aber schlüssig.

Mit dem System der Vorausentwertung werden die Postbeamten die durch den Alpenverein ganze Schwünge von 100.000 (Stand 1910) an Streifbändern auf einmal abzufertigen haben um den Großteil ihrer Stempelungsarbeit entlastet; das ist jener Anteil der „Mitteilungen“, die ins Deutsche Reich verschickt werden. Und dennoch, das Abstempeln bleibt nach wie vor aufwendig. Aus diesem Grund ist es kein weiter Schritt mehr in die nächste Versandperiode, die im April 1910 beginnt. Es ist die neue Art der Vorausentwertung aller Alpenvereinsschleifen mit dem allseits bekannten Buchdruckklischee der Periode III im nächsten Kapitel. Diese neue gedruckte Vorausentwertung findet ab dann bei allen DÖAV-Streifbändern Anwendung, und zwar in alle Tarifzonen!

Doch bleiben wir vorerst noch im Zeitrahmen dieser DÖAV- Periode II vom 14.05.1907-30.03.1910. Typisch für diese (und auch jene der folgenden Versandperioden) ist, dass aufgeklebten Streifbänder in das Deutsche Reich unbeabsichtigt sehr oft den Poststempel überdecken. Man kann derartige Streifbänder (siehe auch nachfolgende Abb. 1+ 2) als Vorläufer der später in Periode III gedruckten Vorausentwertungen betrachten. Erster mir bekannter Stempel, bei dem die Adresschleife den Poststempel überdeckt liegt vom 14.V.07, somit dem Ersttag der Periode II, vor.

Vorteil für die Post ist die Rationalisierung der Stempelung. Es wird einfachere und raschere Art der Entwertung der Schleifen ermöglicht, da nun einzelne Streifbandbögen statt dicker, sperriger und bereits eingeschleifter Zeitungen zu stempeln sind.
Vorteil für den Alpenverein bzw. deren Versandpartner Holzhausen: einfachere Manipulation der Schleifenbögen in der Versandabteilung.

Vorteil für den heutigen Sammler: Zumeist schönere lesbare Stempel auf den Schleifen, da der Stempelabdruck auf bisheriger eingepackter Zeitung oftmals undeutlich, verwischt und verschmiert erscheint. Nun, bei der Bogenstempelung der Schleifenbögen, handelt es sich meistens um eine harte (Tisch-)Unterlage, die die Stempelkonturen deutlicher hervortreten lässt. So sind ab nun der Sammlerschaft besser lesbare Sammelstücke erhalten geblieben als die meist unlesbaren und schlecht erhaltenen Schleifenexemplare aus der Periode I.

Die Auflistung der verschiedenen bekannten Schleifentypen, Klischees und Vorausentwertungen ist der umfassenden Tabellenübersicht des **Kapitels 7.** zu entnehmen. Wertmäßig nach Punkteschema bietet uns das **Kapitel 6. „Punktebewertung“** eine umfassende Auflistung.

Allgemeinen Sammlergewohnheiten folgend sind die jeweiligen Erst- und Letzttagsverwendungen der einzelnen Schleifenklischees höher zu bewerten da sie gerne gesammelt werden. Aus diesem Grund kalkuliere ich in der Punktetabelle des Kapitels **7. „Punktebewertung“** jeweils die Streifbänder des Erst- und Letzttages mit doppelter Punkteanzahl.

Abbildungen ad 4.2.

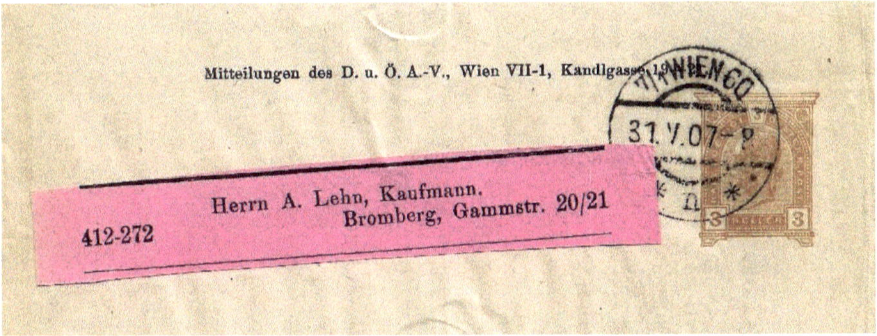

Ein 3 Heller-Streifband Nr. 2 (Periode II, 6 Punkte) gest. WIEN 31.V.07 ins Deutsche Reich (Tarifzone B). Die Österreichische k.u.k.- Drucksachen-Inlandsgebühr beträgt 3 Heller bis (im Falle Deutschlands) zu 50 Gramm. Die Adresschleife überdeckt oftmals und „typischerweise“ den zuvor angebrachten Vorausentwertungsstempel.

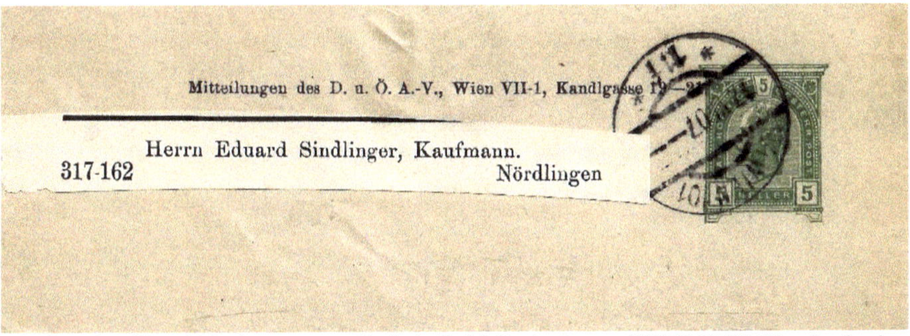

5 Heller- Streifband Nr. 4 (grasgrün, Periode II, 20 Punkte) gest. WIEN 17.VI.07 gelaufen in das Deutsche Reich. Öst. Inlandsgebühr, Gewichtsstufe 2 ins Deutsche Reich von 50- 100 Gramm. Die Adresschleife überdeckt den zuvor angebrachten Poststempel

2 Heller- Streifband Nr. 1, 60 Punkte. Inlandsverwendung Tarifzone A, ermäßigte Zeitungsgebühr vom Verleger versandt. Stempel beim Empfängerpostamt 1.VIII.07. Der Poststempel, der hier über die Adresschleife ragt, ist ein Ankunftsstempel, keine Vorausentwertung.

4.3.
DÖAV- Periode III vom 31.03.1910- 30.11.1919
Buchdruck- Vorausentwertung bei allen Ausgaben

Freimarke für
Tarifzone B
DR

Nummer 9a
Punkte:4

Freimarke für
Tarifzone B
DR

Nummer 9b
Punkte:15

Freimarke für
Tarifzone B/ C
DR, weltweit

Nummer 10a
Punkte 4/ 20

Freimarke für
Tarifzone B/ C
DR, weltweit

Nummer 10b
Punkte15/ 40

Freimarke für
Tarifzone B/ C
DR, weltweit

Nummer 10c
Punkte 15/ 40

Freimarke für
Tarifzone B/ C
DR, weltweit

Nummer 11a
Punkte:80

Freimarke für
Tarifzone B/ C
DR, weltweit

Nummer 12
Punkte:6

Zeitungsmarke
für Tarifzone A
Inlandsversand

Nummer 13
Punkte:6

Zeitungsmarke
für Tarifzone A
Inlandsversand

Nummer 14
Punkte:40

Zeitungsmarke
für Tarifzone A
Inlandsversand

Nummer 15
Punkte:250

Zeitungsmarke
für Tarifzone A
Inlandsversand

Nummer 16
Punkte:40

Ausgaben ohne Datum sowie Provisorien dieser Ausgaben siehe im Anschlusskapitel **4.3.1 „Provisorien & Einschubausgaben Periode III“**

Jene Sammler, denen bisher die Schleifenausgaben des DÖAV bekannt gewesen sind, betrachten erst diese Ausgaben der Periode III als die „richtigen Alpenvereins-Schleifen“, also jene mit dem Buchdrucks-Vorausentwertungs- Aufdruck in zwei Druckvorgängen.

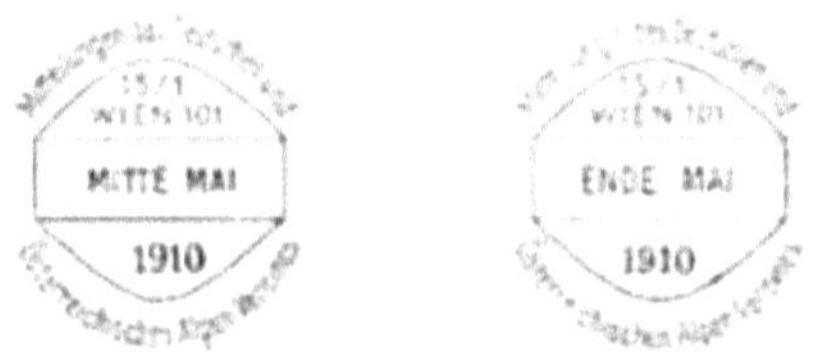
Entwertung der Marken auf den Schleifen der „Mitteilungen des Deutschen und Österreichischen Alpenvereines“.

Mit Erlaß vom 11. Jänner 1910, Z. 54435 I, hat das k. k. Handelsministerium gestattet, daß die auf den Schleifen der „Mitteilungen des Deutschen und Österreichischen Alpenvereines“ befindlichen Brief- und Zeitungsfrankomarken mit einem besonderen Stempel entwertet werden, der wie folgt ausgestattet ist:

Eine weitere Entwertung dieser Marken durch die Aufgabe-, bezw. Abgabeämter hat nur dann stattzufinden, wenn die beschriebene Abstempelung einer Marke auf einer Schleife zufällig fehlen sollte.

Wien, am 9. Juni 1910.

Wiedergabe der offiziellen Bekanntmachung
Entwertung der Marken auf den Schleifen der „Mitteilungen des Deutschen und Österreichischen „Alpenvereines“. Mit Erlaß vom 11. Jänner 1910, Z. 54435 I, hat das k.k. Handelsministerium gestattet, daß die auf den Schleifen der „Mitteilungen des Deutschen und Österreichischen Alpenvereines“ befindlichen Brief- und Zeitungs-frankomarken mit einem besonderen Stempel entwertet werden, der wie folgt ausgestattet ist. Eine weitere Entwertung dieser Marken durch die Aufgabe- bzw. Abgabeämter hat nur dann stattzufinden, wenn die beschriebene Abstempelung einer Marke auf einer Schleife irrtümlich zufällig fehlen sollte.

Somit ein Novum. Zwecks weiterer Rationalisierung im Interesse vom DÖAV als auch von der Post führt die Wiener Staatsdruckerei nicht nur den Aufdruck des Wertstempels aus, sondern zusätzlich den schwarzen Buchdruck-Vorentwertungsdruck mit Grundaufdruck und Versandzeit in zwei Druckvorgängen.

Die Versandzeit erfolgt durch Zudruck (zweiter Druckgang) mittig des Stempelklischees, meist mit den Eindrucken von „Mitte Monatsname“ oder „Ende Monatsname“. Doch Ausnahmen bestätigen die Regel...

Ausnahmen sind die abweichenden Vorausentwertungs- Stempel der 3- und 5 Heller-Jubiläumsausgaben, die beide im Jahr 1914 vorkommen. Vom Grundschema ausnahmsweise abweichend erfolgt Anfang 1914 der Aufdruck „Januar-Februar“ auf der grünen 5 Heller-Marke (Katalog Nummer 10b). In diesem Fall ist belegt, dass sowohl im Januar als auch im Februar 1914 ein Versand der „Mitteilungen“ stattfindet und der Datumsaufdruck zwei Monate lang im Einsatz ist. Hinzu kommen die vermutlich als Ergänzungswerte dienenden 3- und 5 Heller- Werte mit Basisaufdruck der Vorausentwertung doch ohne Datumsangabe. Diese wollen wir am Ende dieses Beitrags genauerer Betrachtung unterziehen im **Kap. 4.3.1 „Provisorien & Einschubausgaben der Periode III“.**

Weiters gibt es im Jahr 1914 den Aufdruck für die Monate „März“ auf der 5 Heller grün (Katalog Nummer 10c) und „August“ auf der 3 Heller violett (9b), jeweils ohne Mitte- oder Ende- Bezeichnung. Es sind reguläre Ausgaben die ich dennoch als „Unregelmäßigkeiten“ im Sinne des Schemas zeitüblichen Aufdruckes der „Mitte Monat“ bzw. „Ende Monat“-Auflagen bezeichne. Die Varianten sind allesamt Einschubs-Provisorien die jeweils in der Bewertung höhere Wert- bzw. Punktenotierungen als jene der gängigen „Mitte Monat“ bzw. „Ende Monat“-Ausgaben rechtfertigen, Details dazu ersichtlich im Kapitel
6. „Haupttabelle Punktebewertung der Eindruckklischees“.

Siehe weiters auch **Kapitel 9.1.1.**
„Studie Aufdruckfehler & Druckzufälligkeiten anhand Nr. 9"

Offenbar des Kriegs wegen kommt es speziell 1914 zu gewissen Unregelmäßigkeiten des Erscheinens der DÖAV- Publikation. Ab dem September 1914 erscheint monatlich eine Doppelnummer und, mit Ausnahme des Monats November 1914, wird ab nun bis zum Ende der Periode III nur noch mit dem Aufdruck „Ende …Monatsname“ datiert.

Grund dieser Maßnahmen mag die verschobene, abgesagte, oftmals unregelmäßige Auflage so mancher „Mitteilung“ des DÖAVs sein. In schweren Zeiten des ersten Weltkriegs und der Nachkriegszeit betreffen Mangelwirtschaft auch den Alpenverein. Vernachlässigen wir nicht die

Entstehungsgeschichte dieser Schleifenausgabe, in der Produktions- und Versandlogistik sich im Zeitablauf entwickeln. Ziel sind stets die Rationalisierung des Arbeitsablaufes und Vereinfachung der Logistik. Hinzu kommen Bewältigung und Anpassung an äußere Einflüsse wie das Wirtschafts- und Währungssystem rund um die Weltkriegsjahre- eine Problematik die sich auch im nächsten Kapitel, Streifbandversand in der Periode IV, bei den Zeitungsverlegern breitmacht. Die raschen Tarifänderungen führen in der Folgeperiode V (von 1922- 1928) zum unberechenbaren Fiasko portorichtigen Frankierens in Zeiten der Hochinflation was den kommenden Barfrankaturen den Weg ebnet.

Abbildungen ad 4.3., Exkurs: Eine neue Zeitungsmarke erscheint
Im Oktober 1916 löst der neue Zeitungsmarkeneindruck 2 Heller rot die seit 1908 (und ab Ende März 1910 mit DÖAV-Vorausentwertung überdruckte) verwendete 2 Heller „Merkur blaugrün nach rechts“ ab.

Nr. 14 Merkur Ausgabe 1908/ 1916 nach rechts 2 Heller blaugrün (40 Punkte).

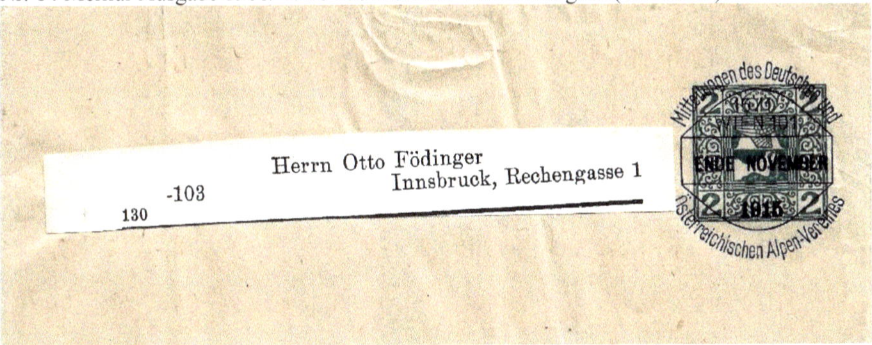

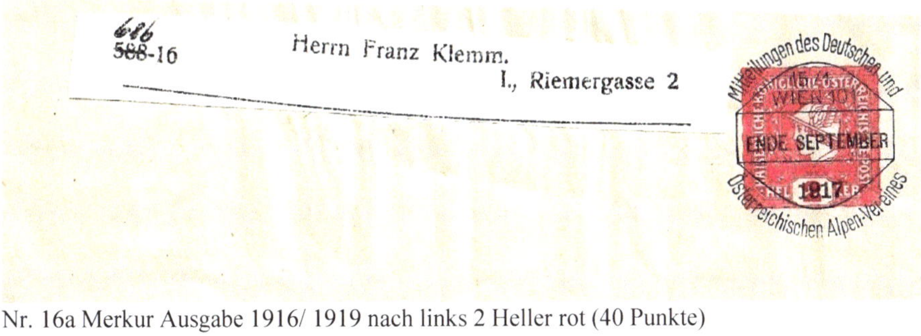

Nr. 16a Merkur Ausgabe 1916/ 1919 nach links 2 Heller rot (40 Punkte)

4.3.1.
Provisorien & Einschubausgaben der Periode III
Buchdruck- Leerstempel

Von den Wertstufen der Periode III sind sowohl die 3 Heller violett (Nr. 9c) als auch die 5 Heller grün (Nr. 10d) mit Eindruck des Wertstempels der Jubiläumsausgabe, je ohne Monats- und Datumseindruck bekannt.

Nr. 9c 	**Punkte: 40** von vermutlich Dezember 1913-Februar1914	3 Heller bräunlichlila mit einteiligem Buchdruck- Aufdruck (nur Rahmen, ohne Datum). Möglicherweise Fehl- oder Probedruck, oder variable Joker- Ausgabe um Jahresbeginn 1914. Siehe auch **4.3.1. „Provisorien & Einschubausgaben“**
Nr. 10d 	**Deutsches Reich 40 P.** **Ausland weltweit 80 P.** von Dezember 1913-Februar 1914	Wie 10a jedoch mit einteiligem Buchdruck- Aufdruck (nur Rahmen, ohne Datum). Möglicherweise Fehl- oder Probedruck, oder variable Joker- Ausgabe, Siehe auch **4.3.1. „Provisorien & Einschubausgaben der Periode III“**

In alter philatelistischer Literatur wird vermutet, dass derartige aus der Norm fallende Ausgaben als Platzhalterausgaben für den Monat „Ende Dezember 1913“ dienen, womöglich auch als unmittelbarer Vorgänger oder Mitläufer der 5 Heller- Ausgabe „Jänner-Februar 1914“ (Nr. 10b).

Nr. 10b 	**Deutsches Reich 15 P.** **Ausland weltweit 40 P.** Nur einmal, Jänner-Februar 1914, vorkommend	Wie 10a jedoch mit zweiteiligem Buchdruck- Aufdruck (Rahmen+ Gültigkeitsdatum „Januar-Februar 1914“), somit Doppelmonat.

Da der Verwendungszeitraum Ende 1913- Anfang 1914 vermutet wird ordne ich diese in der detaillierten Auflistung sämtlicher Schleifen diesen Jahrgängen zu. Wenngleich mit Vorbehalt.

Denn ebenso wäre es möglich, dass derartige Ausgaben Fehl- oder Vorlagedrucke mit fehlendem zweitem Druckvorgang sind. Es wären dann Druckfehler, Manipulationszufälle, vielleicht rein philatelistischer Schabernack. Nie und nimmer sei den braven Druckern der Wiener Staatsdruckerei unterstellt mit Absicht vorzugehen.

Speziell vom Streifband 9 liegen mehrere „Zufälligkeiten" vor die ich im **Kapitel 9.1.1. „Studie der möglichen Aufdruckfehler & Abarten anhand der Streifbandausgabe 9"** vorstelle.

Nicht auszuschließen, dass die beiden datumslosen Ausgaben 9c und 10d in den Folgemonaten oder -jahren gelegentlich noch als Einschubs- bzw. „Jokerausgaben" zum Einsatz kommen. Möglichkeiten dafür gäbe es noch ausreichend, denn das Grundklischee des Aufdrucks besteht noch weiterhin bis Ende 1919.

Dann liegt noch die Zeitungsmarke 2 Heller rot mit kleinem Merkur nach links mit fehlendem zweiten Druckgang (hier katalogisiert als Nr. 16b) vor. Dies ebenso abweichend vom bisherigen Typus der Schleife mit identem Druckklischee der Nr. 16a jedoch mit ordnungsgemäßem Datumseindruck (beginnend mit dem Monat „Ende Oktober 1916").

Nr. 16b 	**Punkte: 70** von Ende Oktober 1916-31.12.1919	2 Heller kleiner Merkur nach links rot mit einteiligem Buchdruck- Aufdruck (nur Rahmen, ohne Datum). Möglicherweise Fehl- oder Probedruck, oder variable Joker-Ausgabe. Siehe auch **4.3.1 „Provisorien & Einschubausgaben der Periode III"**

Da alle drei hier erwähnten Ausgaben mit großer Wahrscheinlichkeit normale Ausgaben mit üblichem Verwendungsmodus sind registriere und bewerte ich sie vorerst als reguläre Ausgaben vorbehaltlich zukünftiger Erkenntnisse. Siehe Abbildungen am Ende dieses Kapitels „ad 4.3.1."

Als Druckzufälligkeit ist die Ausgabe Nr. 13, Kaiserkrone mit Wappen 1916, 5 Heller grün, mit fehlendem ersten Druckgang bekannt (Wert 300 Punkte)- Abbildung im **Buchkapitel 9.1.1. „Studie der möglichen Aufdruckfehler und Abarten anhand der Streifbandausgabe 9".**

Abbildungen ad 4.3.1.

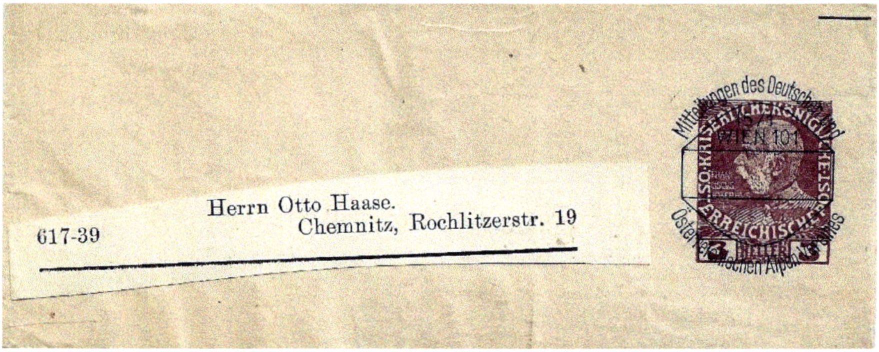

3 Heller- Streifband 9c mit fehlendem Datumseindruck, Verwendung vermutlich Dezember 1913- Februar 1914. 40 Punkte.

5 Heller mit fehlendem Datumseindruck (Katalog 10d, 50 Punkte), Verwendung vermutlich Dezember 1913- Februar 1914. In Tarifzone B 40 P., **weltweit Tarifzone C= 80 P.**

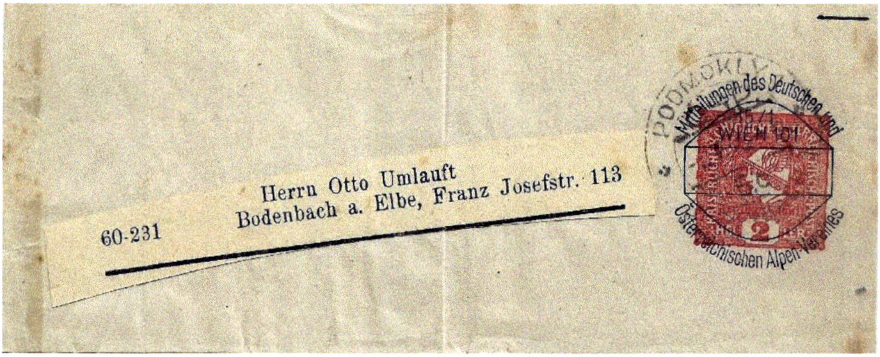

Zeitungsmarkeneindruck für den Inlandsverkehr, fehlender Datumseindruck, leider mit unlesbarem Ankunftsstempel der ohnedies nicht dem üblichen Brauch bei Verwendung von Zeitungsmarken entspricht. Dennoch, der irrtümlich angebrachte Ankunftsstempel Podmolky (Bodenbach an der Elbe) wäre Hilfsmittel zur zeitlichen Zuordnung der Beförderung. Katalog Nr. 16b, 70 Punkte. Verwendung ca. Ende Oktober 1916- Jänner 1917.

4.3.2.
Stempeltypen der ersten drei DÖAV- Versandperioden

Es handelt sich in Folge um die Auflistung nach Stempelhaupt- und Untertypen bisher bekannter (Voraus-) Entwertungen auf Ganzsachen-Streifbändern des DÖAVs in der Vorläuferperiode 0 („Null") und den Versandperioden I und II. In den darauffolgenden Versandperioden gibt es zahlreiche fast bildgleiche vorausentwertete Buchdruckausgaben, die inhaltlich in diesem Kapitel aus plausiblen Erwägungen nicht im Detail zu behandeln sind. Ebenso gilt die „Stempelkunde" nicht für Inlands- Streifbänder mit Zeitungsmarken- Freimachung da diese beim Empfängerpostamt gestempelt werden.

In 99% aller Fälle greift der Alpenverein beim „Mitteilungs"- Versand erstmals am 14.05.1907 (Periode II) auf das effiziente und preiswerte Versandsystem des Massenversands, in unserem Fall bei Postaufgabe bei den Wiener Postämtern des heutigen 7. und 15. Bezirks, zurück.

Jene Ganzsachen-Streifbänder die in das Deutsche Reich (Tarifzone B) oder „Sonstiges Ausland" (Tarifzone C) befördert werden erhalten stets den Entwertungsstempel WIEN 62 (Periode 0) bzw. WIEN 60 und später jenen des Zeitungspostamts WIEN 101.

<u>Periode 0</u> Stempel Typ I, Stempelung beim Aufgabepostamt WIEN 62 (heute Postamt 1070 Wien, Siebensterngasse 42).

<u>Periode I</u> Stempel Typ 2/1 bis Typ 8, Stempelung beim Aufgabepostamt WIEN 60 (heute Postamt 1072 Wien, Zieglergasse 10)

<u>Periode II</u> Stempelung mit den Stempeltypenserien 9- 12. Ab nun finden fast alle (Vorausentwertungs)-Stempelungen des DÖAV beim neuen Zeitungs-Postamt WIEN 101 (heute 1150 Wien-Westbahnhof, Gasgasse 2) statt.

Dementsprechend tragen sämtliche Alpenvereins-Streifbänder Wien-Abstempelungen, doch es gibt auch Ausnahmen. Jene Streifbänder, die ausnahmsweise nicht von Wien versandt werden, tragen kein Merkmal einer Vorabstempelung da es sich um keinen Massenversand, sondern wohl um einzelne Exemplare handelt. Derartige Stücke tragen, wenn überhaupt greifbar, meist Abstempelungen aus Wiens Nahumgebung in Niederösterreich. Da praktisch nie angeboten gilt: Wertansatz LP.

Auch Streifbänder des DÖAVs, abgestempelt bei Wiener Postämtern abseits der typischen Aufgabeämter WIEN 60, WIEN 62, WIEN 101 kommen kaum vor- eines davon, gestempelt beim PA WIEN 136, siehe Abbildung unten. Beachte: handschriftliche Adressierung des DÖAV-Streifbands ist Hinweis aber kein Nachweis für Einzelaufgabe.

Bekannt sind bei den „typischen Aufgabeämtern“ nach obiger Betrachtung 12 Stempeltypen mit Unterarten die ich in der Listung der Folgeseiten in Tabelle **4.3.3. „Tabelle Stempelkunde DÖAV“** nach Verwendungszeitraum, Stempeltyp, und -Buchstaben differenziere.

An dieser Stelle erneut der Hinweis dass es die Vorausentwertungen des DÖAVs ab der Perioden II ausschließlich auf Streifbändern in das Deutsche Reich geben kann. Beim Versand in die Tarifzonen A Inland (Monarchie/ Österreich) und Sonstiges Ausland C- weltweit gibt es keine Vorausentwertungen!

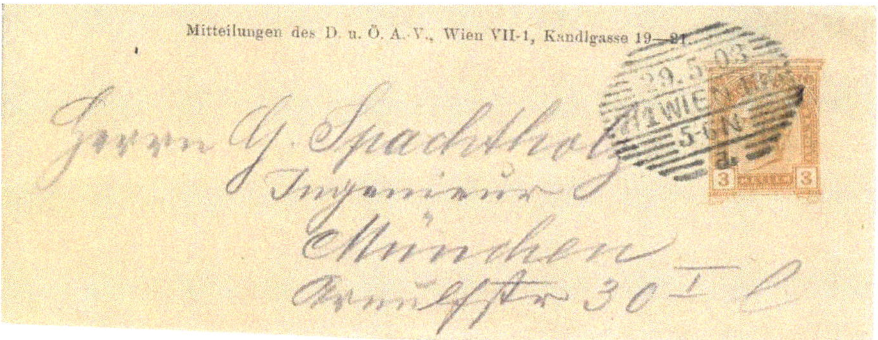

Streifband Nr. 2, gestempelt WIEN 136 am 29.05.03; dieser Stempel ist nicht gelistet da es sich um ein „fremdes“ Postamt, also keines der gängigen DÖAV- Postämter WIEN 60, WIEN 62, WIEN 101 handelt. Eine sehr „untypische“ Einzelaufgabe, selten! Wert 50 Punkte.

4.3.3.
Tabelle Stempelkunde DÖAV

Bekannt geworden sind 12 Hauptstempeltypen mit Unterarten, die ich differenziere nach Verwendungszeitraum, Stempelart, Stempeltyp und Unterscheidungsbuchstaben (UBs).

Mehrere Schleifen gleichen Datums können oftmals unterschiedliche (Voraus)stempeltypen aufweisen weshalb im Kapitel
7. „Haupttabelle DÖAV- Streifbandversand nach Versanddatum“
zu jedem Versanddatum der Perioden I und II die theoretisch möglichen Stempeltypen und Unterscheidungsbuchstaben verzeichnet sind.

Stempeltyp	Verwendungs-zeitraum	Beschreibung, Sonstiges
Typ 1/1  *	verwendet von 05.03.1895-13.11.1898 Vorläuferperiode 0	Einkreisstempel WIEN 62; UB- Buchstabe a (links). Gänzlich ohne Uhrzeit. Frankatur mit Freimarke. Keine Ganzsache, daher im Sinne dieser Ausarbeitung als nicht detailliert bearbeitete Vorläuferausgabe betrachtet.
Typ 1/2  *	verwendet von 05.03.1895-13.11.1898 Vorläuferperiode 0	Einkreisstempel WIEN 62; UB- Buchstabe a (links). Uhrzeit mit V . Frankatur mit Freimarke. Keine Ganzsache, daher im Sinne dieser Ausarbeitung als nicht detailliert bearbeitete Vorläuferausgabe betrachtet.
Typ 2/1 	verwendet von 15.08.1899-29.11.1905 Vorläuferperiode 0, danach Periode I	Ab hier bis Typ 8 Stempelung beim Aufgabepostamt WIEN 60. Einkreisstempel UB- Buchstabe b (links), Uhrzeit ohne V oder N. Vorläuferperiode 0 bis zum 17.02.1903, danach Periode I
Typ 2/2  *	verwendet von 15.08.1899-29.11.1905 Vorläuferperiode 0. dann Periode I	Einkreisstempel, UB- Buchstabe b (links), Uhrzeit mit V Vorläuferperiode 0 bis zum 17.02.1903, danach Periode I
Typ 2/3 	verwendet von 15.08.1899-29.11.1905 Vorläuferperiode 0 dann Periode I	Einkreisstempel, UB- Buchstabe g (links), Uhrzeit mit N. Vorläuferperiode 0 bis zum 17.02.1903, danach Periode I. Abb. siehe Folgeseite am Ende dieses Kapitels „Abbildungen ad 4.3.3“

Typ 2/4  *	verwendet von 15.08.1899- 29.11.1905 Vorläuferperiode 0 dann Periode I	Einkreisstempel. UB- Buchstabe g (links), Gänzlich ohne Uhrzeit. Vorläuferperiode 0 bis zum 17.02.1903, danach Periode I
Typ 3/1  *	verwendet von 01.07.1902- 30.11.1905 Vorläuferperiode 0 dann Periode I	Einkreisstempel UB- Buchstaben b (links und rechts), Uhrzeit ohne V oder N Vorläuferperiode 0 bis zum 17.02.1903, danach Periode I
Typ 3/2 	verwendet von 1.07.1902- 30.11.1905 Vorläuferperiode 0 dann Periode I	Einkreisstempel UB- Buchstaben b (links und rechts), Uhrzeit mit V Vorläuferperiode 0 bis zum 17.02.1903, danach Periode I
Typ 3/3 	verwendet von 01.07.1902- 30.11.1905 Vorläuferperiode 0 dann Periode I	Einkreisstempel UB- Buchstaben b (links und rechts), Uhrzeit mit N Vorläuferperiode 0 bis zum 17.02.1903, danach Periode I
Typ 3/4  *	verwendet von 01.07.1902- 30.11.1905 Vorläuferperiode 0 dann Periode I	Einkreisstempel UB- Buchstaben b (links und rechts), gänzlich ohne Uhrzeit Vorläuferperiode 0 bis zum 17.02.1903, danach Periode I
Typ 4/1 	verwendet von 17.11.1903- 29.12.1904 in Periode I	Einkreisstempel mit Rechteck ohne UBs, Uhrzeit ohne V oder N Erst- und Letztverwendung in Periode I: 18.02.1903- 13.05.1907
Typ 4/2  *	verwendet von 17.11.1903- 29.12.1904 in Periode I	Einkreisstempel mit Rechteck ohne UBs, Uhrzeit mit V Erst- und Letztverwendung in Periode I: 18.02.1903- 13.05.1907
Typ 4/3  *	verwendet von 17.11.1903- 29.12.1904 in Periode I	Einkreisstempel mit Rechteck ohne UBs, Uhrzeit mit N Erst- und Letztverwendung in Periode I: 18.02.1903- 13.05.1907
Typ 5/1  *	verwendet von 14.04.1904- 29.11.1905 in Periode I	Doppelkreis- Brückenstempel äußerer/ innerer Durchm. 32/ 20,5 mm UB *a*, Uhrzeit römische Ziffern Erst- und Letztverwendung in Periode I: 18.02.1903- 13.05.1907

Typ 5/2

verwendet von 14.04.1904- 29.11.1905 in Periode I

Doppelkreis- Brückenstempel äußerer/ innerer Durchm. 32/ 20,5 mm.
UB *a*, Uhrzeit arabische Ziffern
Erst- und Letztverwendung in Periode I: 18.02.1903- 13.05.1907.
Abb. siehe Folgeseite „Abbildungen ad 4.3.3.“

Typ 6/1

verwendet von 14.12.1905- 17.05.1907 in Periode I- II

Doppelkreis- Brückenstempel äußerer/ innerer Durchm. 32/ 19 mm
UB *d*, Uhrzeit römische Ziffern
Per. I bis 13.05.1907 dann Periode II vom 14.- 17.05.1907. Anm.: Stempeldatum 12.12.1909 ist fehlerhafter Einsatz, richtig ist 12.12.1906

Typ 6/2

verwendet von 14.12.1905- 17.05.1907 in Periode I- II

Doppelkreis- Brückenstempel äußerer/ innerer Durchm. 32/ 19 mm
UB *d*, Uhrzeit arabische Ziffern
Per. I bis 13.05.1907 dann Periode II vom 14.- 17.05.1907. Anm.: Stempeldatum 12.12.1909 ist fehlerhafter Einsatz, richtig ist 12.12.1906

Typ 7/1

verwendet von 14.12.1905- *14.05.1907* in Periode I

Doppelkreis- Brückenstempel äußerer/ innerer Durchmesser 28/ 16 mm.
UBs *k*,*l*,*m*,*n*,*o*,*q*.
Uhrzeit arabische Ziffern.

*Anm. Es gibt Hinweise darauf, dass der Stempel mit UZ *n* auch noch am 31.V.07 zum Einsatz kommt- siehe „Abbildungen ad 4.3.3.“* Erst- und Letztverwendung in Per. I 18.02.1903- 13.05.1907

Typ 7/2

*

verwendet von 14.12.1905- 14.05.1907 in Periode I

Doppelkreis- Brückenstempel äußerer/ innerer Durchmesser 28/ 16 mm
UBs *i*,*m*,*o*, Uhrzeit römische Ziffern
Erst- und Letztverwendung in Periode I: 18.02.1903- 13.05.1907

Typ 8

*

verwendet nur am 31.05.1907 in Periode II

Abbildung dieser Streifbandschleife am Ende dieser Auflistung. Ausschließlich an diesem Tag für Aussendungen als Maschinenband-Versuchsstempel UB *3a*eingesetzt. 50 P.

Ab hier finden alle Vorausentwertungs- Stempelungen des DÖAV beim Zeitungs- PA WIEN 101 (1150 Wien- Westbahnhof, Gasgasse 2) statt.

Typ 9/1

verwendet von 17.06.1907- 31.12.1909 in Periode II

Doppelkreis- Brückenstempel; Datum 4 mm hoch (vgl. Typ 10= 3 mm)
UBs *11b*,*11c*,*11e*,*11f*,*11g*,*11k*
Uhrzeit römische Ziffern
Erst- und Letztverwendung in Periode II: 14.05.1907- 30.03.1910

Typ 9/2

*

verwendet von 17.06.1907- 31.12.1909 in Periode II

Doppelkreis- Brückenstempel, Datum 4 mm hoch (vgl. Typ 10= 3 mm)
UBs *11b*,*11f*,*11g*,*11k*
Uhrzeit arabische Ziffern
Erst- und Letztverwendung in Periode II:
14.05.1907- 30.03.1910

Typ 9/3

verwendet von 17.06.1907- 31.12.1909 in Periode II

Doppelkreis- Brückenstempel, Datum 4 mm hoch (vgl. Typ 10= 3 mm)
UBs *11b*,*11c*,*11e*,*11f*,*11g*,*11k*
Keine Uhrzeit, stattdessen – Striche
Erst- und Letztverwendung in Periode II:
14.05.1907- 30.03.1910

Typ 10/1

verwendet von 30.11.1908- 15.03.1910 in Periode II

Ident Typ 9 jedoch kleineres Datum 3 mm hoch statt zuvor 4 mm
UBs *11l*,*11m*,*n*,*11o*
Uhrzeit römische Ziffern
Erst- und Letztverwendung in Periode II:
14.05.1907- 30.03.1910

Typ 10/2

*

verwendet von 30.11.1908- 15.03.1910 in Periode II

Ident Typ 9 jedoch kleineres Datum 3 mm hoch statt zuvor 4 mm
UBs *11m*,*11n*
Uhrzeit arabische Ziffern
Erst- und Letztverwendung in Periode II:
14.05.1907- 30.03.1910

Typ 10/3

verwendet von 30.11.1908- 15.03.1910 in Periode II

Ident Typ 9 jedoch kleineres Datum 3 mm hoch statt zuvor 4 mm
UBs *11l*,*11m*,*11n*,*11o*
Keine Uhrzeit, stattdessen – Striche
Erst- und Letztverwendung in Periode II:
14.05.1907- 30.03.1910

Typ 11/1

*

verwendet von 17.06.1907- 15.07.1908 in Periode II

Zweikreis- Brückenstempel mit gebrochenem innerem Kreis
Keine UB, keine Sterne (stattdessen o o)
Uhrzeit römische Ziffern
Erst- und Letztverwendung in Periode II:
14.05.1907- 30.03.1910

Typ 11/2

verwendet von 17.06.1907- 15.07.1908 in Periode II

Zweikreis- Brückenstempel mit gebrochenem innerem Kreis
Keine UB, keine Sterne (stattdessen o o)
Uhrzeit arabische Ziffern
Erst- und Letztverwendung in Periode II:
14.05.1907- 30.03.1910

Typ 11/3

verwendet von 17.06.1907- 15.07.1908 in Periode II

Zweikreis- Brückenstempel mit gebrochenem innerem Kreis
Keine UB, keine Sterne (stattdessen o o)
Keine Uhrzeit, stattdessen zwei – Striche
Erst- und Letztverwendung in Periode II:
14.05.1907- 30.03.1910

Typ 12/1

*

verwendet von 14.07.1907- 15.05.1908 in Periode II

Zweikreis- Brückenstempel UB *e*
Uhrzeit römische Ziffern
Erst- und Letztverwendung in Periode II:
14.05.1907- 30.03.1910

Typ 12/2

verwendet von 14.07.1907- 15.05.1908 in Periode II

Zweikreis- Brückenstempel UB *e*
Uhrzeit <u>arabische</u> Ziffern.
Erst- und Letztverwendung in Periode II: 14.05.1907- 30.03.1910

Typ 12/3

*

verwendet von 14.07.1907- 15.05.1908 in Periode II

Zweikreis- Brückenstempel UB *e*
<u>Keine</u> Uhrzeit, stattdessen zwei – Striche.
Erst- und Letztverwendung in Periode II: 14.05.1907- 30.03.1910

*Jene Stempelabbildungen die in der Tabelle mit * markiert sind stammen von Herrn Heinz Kaußen*

Abbildungen ad 4.3.3.

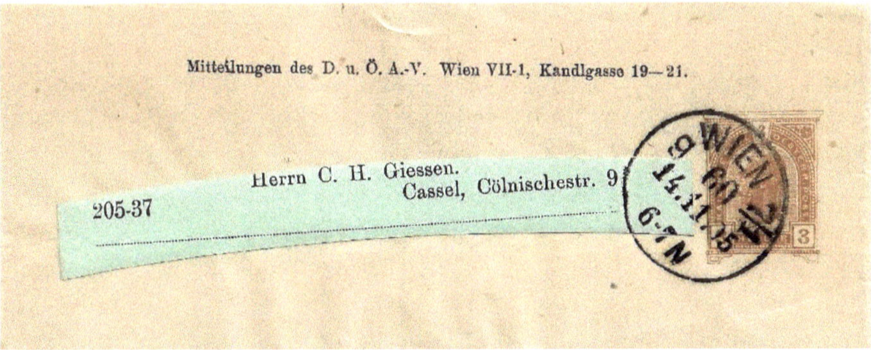

Stempeltyp 2/3, Einkreisstempel gest. g WIEN 7/1 60 (heute 1072 Wien, Zieglergasse 10) am 14.11.05, gelaufen in das Deutsche Reich Tarifzone B. UB-Buchstabe g (links), Uhrzeit <u>mit</u> N. Ein perfekt gestempeltes Stück, Periode I, 8 P..

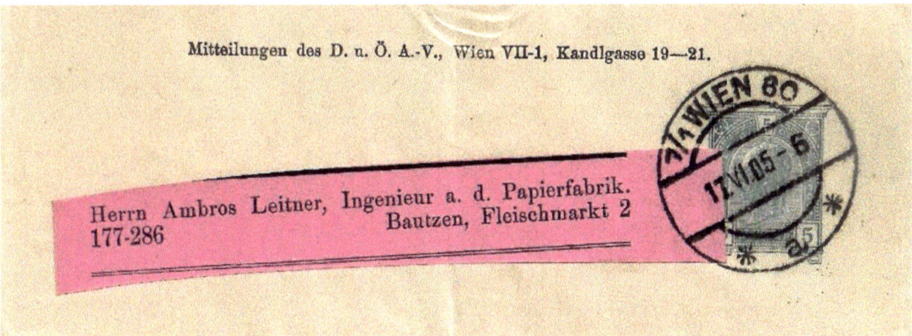

Stempeltyp 5/2 auf Streifband Nr. 3 (20 Punkte). Befördert ins das Deutsche Reich, Tarifzone B, 2. Gewichtsstufe 50- 100 gr. Doppelkreis- Brückenstempel mit äußerem/ inneren Durchmesser 32 bzw. 20,5 mm. Gest. 7/1 WIEN 60 (heute 1072 Wien, Zieglergasse 10) am 17.VI.05- 6 (Uhrzeit <u>arabische</u> Ziffern), UB *a*.

Abbildungen ad 4.3.3. vom Betriebsversuch zur Vorausentwertung

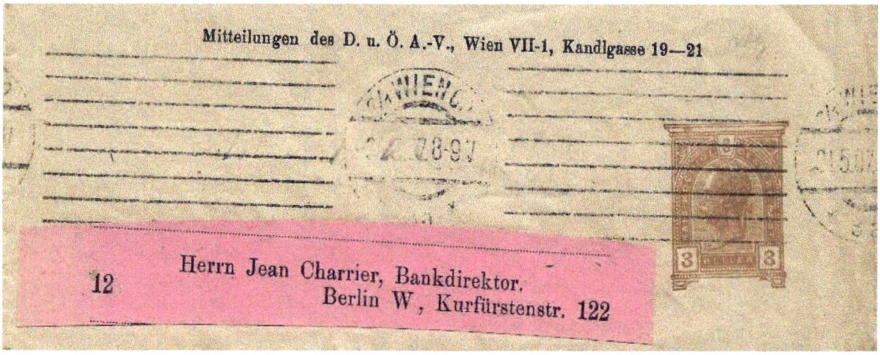

Stempeltyp 8, Maschinenband- Versuchsstempel mit UB *3a* vom 31.V.1907. Nur ein Teil dieser Versandauflage des DÖAVs wird an diesem Tag mit diesem Versuchsstempel entwertet. Nachweis siehe Beleg unten. Der Versuchsstempel ist, auch wenn man die Auflage- und Versandzahlen der einzelnen Versanddaten nicht mehr kennt, wohl nicht selten. Er ist unter Sammlern beliebt, Bewertung daher mit 50 Punkten. Warum dieser Stempel in weiterer Folge nicht mehr eingesetzt wird ist unbekannt.

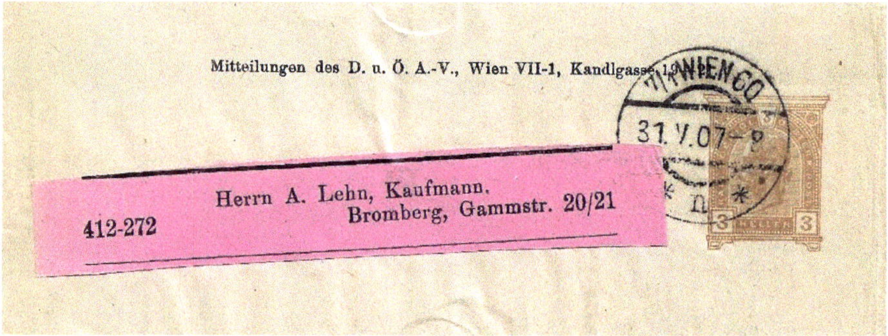

ad Stempeltyp 7/1: Stempel vom Tag des obigen Versuchs-Maschinenstempels 31.V.07. Wird der Doppelkreis- Brückenstpl. mit äußerem/ innerem Durchmesser 28 bzw. 16 mm (Uhrzeit arabische Schrift) mit UB *n* entgegen bisheriger Information (Einsatzzeit 14.12.1905- 14.05.1907) auch noch am Tag des Betriebsversuchs des Maschinerollstempels hervorgeholt, sodass er damit auch noch in Periode II zum Einsatz kommt…? Bewertung 80 Punkte.

4.4.
DÖAV- Periode IV vom 01.12.1919- 28.02.1922
Buchdruck- Leerstempel der Inflationszeit

Freimarken für
Tarifzone B
DR 15.1.-14.4.20

Nummer 17
Punkte:20

Freimarke für
Tarifzone B
DR 15.1.-14.4.20

Nummer 22
Punkte:40

Freimarke dkl.
Tarifzone B
DR 15.1.-4.4.20

Nummer 23a
Punkte:12

Freimarke hell
Tarifzone B
DR 15.1.-4.4.20

Nummer 23b
Punkte:12

Freimarke für
Tarifzone B
DR 01.02.-1.07.21

Nummer 24
Punkte:12

Freimarke für
Tarifzone C
01.02.-31.07.21

Nummer 25
Punkte:600

Freimarke für
Tarifzone B/C
01.08.-30.11.21

Nummer 26
Punkte:25

Zeitungsmarke
Tarifzone A
Öst -30.06.20

Nummer 18
Punkte: 40

Zeitungsmarke
Tarifzone A
Öst -31.03.21

Nummer 19
Punkte: 40

Zeitungsmarke
Tarifzone A
Öst -30.09.21

Nummer 20
Punkte:60

Zeitungsmarke
Tarifzone A
Öst -31.12.21

Nummer 21
Punkte: 80

Zeitungsmarke
Tarifzone A
Öst -28.02.22

Nummer 27
Punkte: 300

Die hier gelisteten Frei- und Zeitungsmarken kommen während der Portoperiode IV zum Einsatz. Die Zeitungswertstempel-Eindrucke für den Zeitungs- Inlandsversand können durch die Inflation bedingt in nur sehr kurzen Zeitperioden bedarfsgerecht sinnvoll ohne Zusatzfrankatur verwendet werden, was auch deren Seltenheit erklärt.

In der Periode IV werden sämtliche Versandschleifen mit Buchdruck-Vorausentwertungstempel bei allen Frei- und Zeitungsmarken in nur einem Druckgang ausgeführt. Ausnahme ist das hier zuletzt gelistete rare 45 Heller-Streifband 27 ohne Vorausentwertungsstempel- dieses ist richtigerweise erst beim Empfängerpostamt zu stempeln. Details bzw. Preis- und Punktebewertung der verschiedenen Schleifeneindrucke im Kapitel **6. „Haupttabelle Punktebewertung".**

Diese frühen Ausgaben der Ersten Republik sind, auch anhand der Streifbandvarianten des Alpenvereins, Spiegel ihrer Zeit. Die DÖAV-Mitteilungen erscheinen erst wegen Papier-, später auch Geldmangels wegen sehr unregelmäßig sodass entschieden wird das Stempeldatum im schwarzen Buchdruckklischee gänzlich wegzulassen. Die neuen Wertstempel sind ab der Ausgabe 1920/ 21 „Merkur von vorne" mit der neuen Landesbezeichnung „Deutschösterreich" versehen.

Mir wird eine Korrespondenz des Alpenvereins aus dem Jahr 2009 weitergeleitet aus der hervorgeht, dass die Anzahl der „Mitteilungen" im Jahr 1919 auf 5 Ausgaben reduziert und 1920 wieder in 12 mal im Jahr erscheint. Im Herbst 1922 erscheinen die Ausgaben für 3 Monate überhaupt nicht mehr. Als Folge der Engpässe des DÖAV erhält nicht mehr jedes Alpenvereinsmitglied die Mitteilungen automatisch sondern nur dann, wenn dafür extra bezahlt wird. Folge: Die Auflage geht auf 20.000 Stück zurück, erhöht sich aber bis 1926 wieder auf 58.000 Stück. 1927 kommt es wieder zur monatlichen Ausgabe. Zwangsbezug, wie Museums- Archivleiter Achrainer auf mein Schreiben mitteilt, ist damit wieder eingeführt.

In der Übergangszeit zwischen Kriegsende 11.11.1918 und der ersten Ausgabe der Ersten Republik, dem Aufbrauchsprovisorium „Wertaufdruck Kaiserkrone und neuer Wappenadler schmal" (Nr. 9) sind letztmalig die Insignien der Monarchie im Wertstempel zu sehen.

Nach dem Beginn der Inflation Ende 1921 gibt man das System der Vorausentwertung als auch Herausgabe sämtlicher Privatganzsachen vollends auf. Ein Kapitel Postgeschichte ist beendet, der ansprechende Buchdruck- Vorausentwertungsaufdruck des DÖAV kommt in dieser Form nicht mehr zum Einsatz, wird aber ab 1928 durch die rotfarbige Buchdruck-Vorausentwertung der Periode VI abgelöst.

Es sei an dieser Stelle darauf hingewiesen, dass es, vereinzelt und nur äußerst selten, in allen hier gelisteten DÖAV- Streifbandperioden auch zum Einsatz von Briefmarken- Frankaturen mit normalen Freimarken gekommen ist. Auch Freimarken- Zusatzfrankaturen auf die bestehende Streifband- Ganzsache, z.b. zum Versand mehrerer Druckexemplare, oder wegen Portoerhöhungen, sind möglich wenngleich ebenfalls nur sehr selten. Siehe diesbezüglich **Kapitel 5. 4. „Zusatzfrankaturen“**.

Literaturbekannt sind derartige Streifband-Versanddaten wie folgt: 14.VIII.21 mit Maschinenrollstempel, weiters eine vom 15.VIII.21. Bei Letzterem wird mit einer 80 Heller- Freimarke Wappen- breit (Versand ins Deutsche Reich) zufrankiert und dabei das eingedruckte 10 Heller- Wertzeichen mitsamt dessen Buchdruck- Vorausentwertung überklebt.

Weiters gibt es zumindest ein Exemplar 40 Heller schmales Wappen rot mit einer 40 H- Freimarke ergänzt, Abbildungen siehe
Kapitel 5.4.1. Zusatzfrankaturen mit Freimarken“

Zwischen 1922 und 1928 gibt es weiterhin den Versand von DÖAV- Mitteilungen an die Vereinsmitglieder, jedoch mit vorgeschriebener Barfreimachung, die in diesem Buch nicht behandelt wird. Abgesehen davon, dass aus dieser Zeit keine eindeutig dem DÖAV zuordenbare Belegstücke vorliegen
Nachweislich erst ab 1928 kommen wieder Versandstreifbänder des DÖAVs zum Einsatz die in Folge unter „Periode VI“ gelistet sind.

4.5.
DÖAV-Periode V vom 01.03.1922-31.01.1928
Barfreimachung V.b.b.

Das Ende der Zeitungsmarken in Österreich. Ab dem 01.03.1922 gilt Barfreimachung für sämtliche Zeitungspoststücke, jeweils mit Vermerk V.b.b.= Verleger bar bezahlt. Die Poststücke werden weder beim Aufgabe- noch beim Empfängerpostamt gestempelt weshalb zeitliche Zuordnung kaum möglich sein wird, jedenfalls nicht vom Poststempel her). Sie können somit in der chronologischen Aufstellung nicht verzeichnet und nicht berücksichtigt werden. Sie sind keine Ganzsachen im Sinne dieser Registrierung.

Abbildungen ad 4.4.

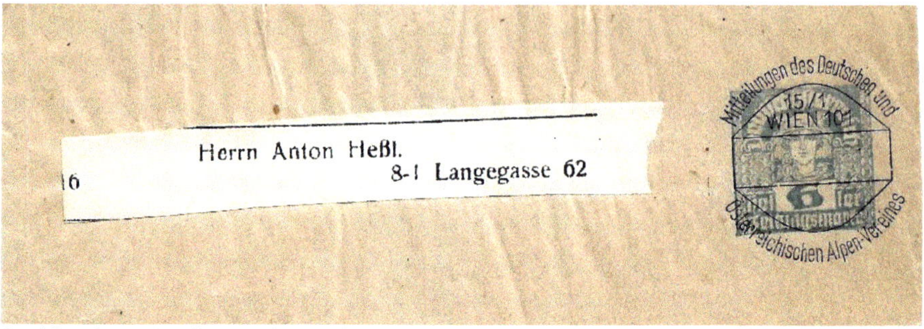

Streifband 19, 6 Heller Merkur nach vorne grünblau, Verwendung 01.07.1920- 31.03.1921. 40 Punkte.

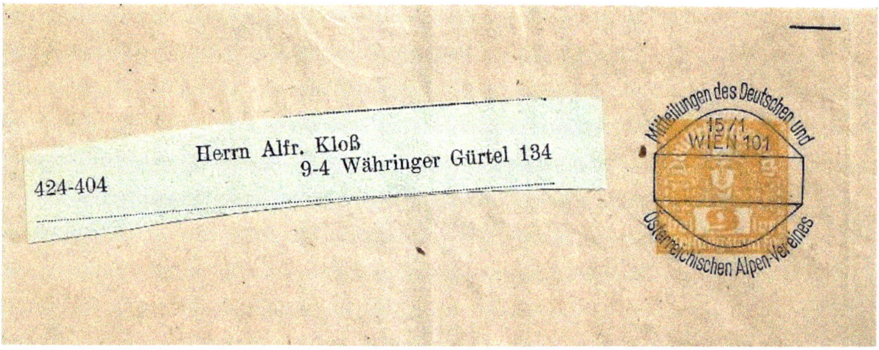

Streifband 20, 9 Heller Merkur nach vorne gelb, 01.04.1921-30.09.1921. 60 Punkte.

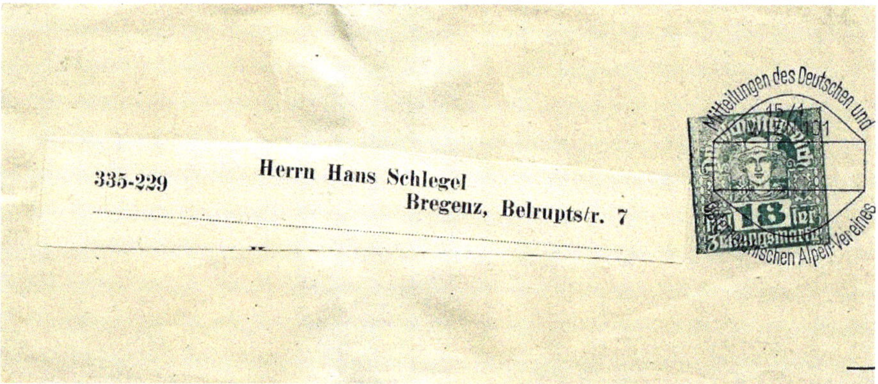

Streifband Nr. 21, 18 Heller Merkur blaugrün, befördert nach Bregenz. Verwendung zwischen 01.10.1921- 31.12.1921, das von dieser Ausgabe wohl seltenste DÖAV- Streifband. 80 Punkte.

4.6.
DÖAV-Periode VI vom 01.02.1928-31.12.1938
Buchdruck-Vorausentwertungsstempel Rot

Wie ein Freistempel-Frankotyp der damaligen Zeit mutet der rotfarbige Wertaufdrucks-Typ an, der ab 1928 vom DÖAV beim Versand der „Mitteilungen" zum Einsatz kommt. Der Entwertungsstempel ist als Novum bei dieser Ausgabe links vom Wertstempel angebracht wobei Wert- und Entwertungsstempel als Gesamtes ein Buchdruck-Klischee bilden, welches in roter Farbe auf die Schleife aufgedruckt wird. Die Schleifen werden mit jeweiligem Monat gedruckt, in österreichischer Groschen-Währung mit den Nominalen zu 4, 5, 8 und 10 Groschen (Katalognummern 28, 29, 30 und 31) bis zur Ausgabe des „Juli 1938". Danach folgt die Ausgabe ab „August 1938" in neuer Reichspfennig-Währung, endend mit der Ausgabe des „Dezember 1938".

Am 13. März 1938 erfolgt der Anschluss Österreichs an das Deutsche Reich. Ab 1. dem April ist Reichsmark-Rechnungslegung verpflichtend wobei der Umrechnungskurs 1,5 Schilling= 1.- Reichsmark. gilt

Ab 4. April 1938 ist die Verwendung von Marken des Deutschen Reiches in der nunmehrigen Ostmark möglich. Einige ausgewählte Briefmarken Österreichs bleiben dabei noch bis zum Monatsende des Oktober 1938 frankaturgültig woraus während in besagter Zeitperiode 4.4.1938-31.10.1938 verschiedene Währungs- Mischfrankaturen, meist philatelistisch inspiriert, zustande kommen.

Hinsichtlich der Angleichung der deutschen und österreichischen Portosätze gibt es vom 4. April bis 31. Juli eine Übergangsfrist in der es, politisch erwünscht, zur Ermäßigung mancher Gebühren kommt.

Ab dem 1. August 1938 gelten in der Ostmark ausschließlich die Portosätze des Deutschen Reichs. Daher gibt es ab Anfang August 1938 die 4 Groschen- Ausgabe Nr. 28 mit geändertem Druckklischee, ganz dem neuen Regime angepasst. Die Wertangabe 4 bleibt bestehen, aus dem Wort „ÖSTERREICH" wird „DEUTSCHE", aus „GROSCHEN" wird „REICHSPOST". Diese Reichspost-Zeitungsschleife der Ostmark erhält die Katalognummer 32 und ist mit der Auflage des Dezembers 1938 die letzte in diesem Werk registrierte DÖAV-Streifbandausgabe.

Abbildung ad 4.6.

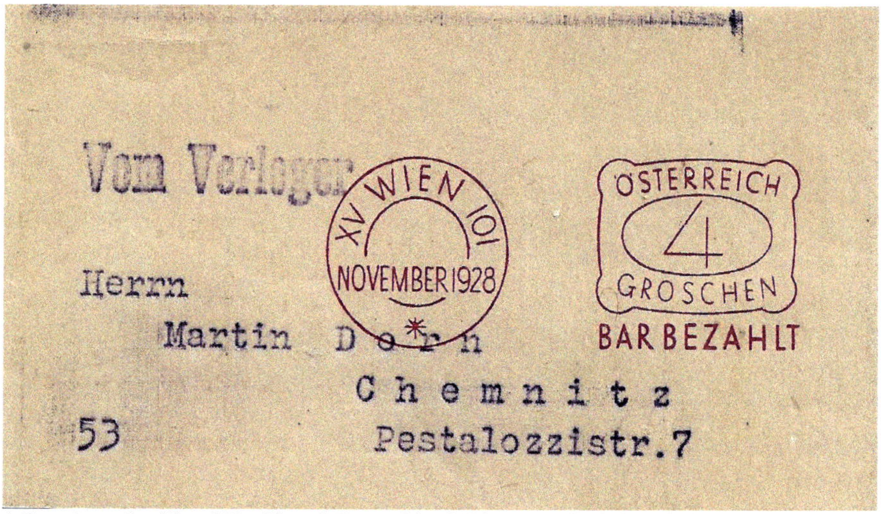

4 Groschen- Streifband Nr. 28 nach Deutschland. Diese Nominale ist relativ die am häufigsten vorkommende, aber doch selten. 80 Punkte.

Die Streifbänder dieser Ausgabe sind nicht Freistemplerbelege, sondern Ganzsachen-Zeitungsschleifen mit arttypischem Buchdruck-Wertstempel als Vorausentwertung, prädestiniert, um in die Sammlung der DÖAV-Ganzsachenschleifen aufgenommen zu werden.

Ab der Ausgabe Oktober 1938 (bis Ende 1944) werden die DÖAV-„Mitteilungen“ als separate Beilage zur reichsdeutschen „Bergsteiger“-Zeitschrift versandt. Es gibt auch, beginnend im Jahr 1932, vereinzelt früheren Schleifenversand mit Absenderadresse „Der Bergsteiger“, ab Oktober 1938 erfolgt der Versand immer mit der „Der Bergsteiger“-Absenderstampiglie, die ich auf der nächsten Seite zeige.

Danach, von 1939-1944, werden die verschickten Streifbänder nicht als Ganzsache ausgesendet weshalb dieses Buchwerk genau hier, mit der Letztausgabe des Dezembers 1938, zum finalen Abschluss kommt. Die roten Buchdruck-Ausgaben der Portoperiode VI kommen sehr selten vor und stehen dem Buchverfasser in nur wenigen Exemplaren, teils in Kopie, zur Verfügung. Am seltensten aller Nominalwerte ist die 10 Gr.-Ausgabe Nr. 31; diese Wertstufe ist nur mit Datum April 1936 bekannt und kann wertmäßig nicht dotiert werden. LP!

Weitere Abbildungen ad 4.6.

Datum 22.VII.1938. Aus der Zeit der möglichen Währungsmischfrankaturen 04.04.- 31.10.38 stammt dieses Streifband Nr. 28 nach Holland (Darstellung verkleinert). Wert: 120 Punkte

Nr. 28 Ausgabe September 1932 mit „Bergsteiger"- Absenderstempel (Darstellung verkleinert). 80 Punkte

Fast alle vorkommenden Streifbänder vorseitiger Tabelle sind der ersten Gebührenstufe zuzuordnen, d.h. die Mitteilungs-Aussendungen haben stets ein Gewicht von maximal 35 Gramm und sind daher zu besserer Veranschaulichung in der Tabelle fett gedruckt.
Bei Korrespondenzen, die in unmittelbarem Zusammenhang mit dem laufenden Bezug zum Zeitungsbezug haben ist es Verlegern gestattet auch Briefe mit Zeitungsmarken zu entsprechend günstigem Tarif zu frankieren.

Die Abbildung zeigt einen derartigen Briefumschlag der Sektion Wien des Deutschen und Österreichischen Alpenvereins mit Portosatz der 1. Gewichtsstufe bis 35 Gramm von 45 Hellern (Überfrankatur 1 H). Der Brief entstammt der Periode vom 01.01.- 28.02.1922. Aus gleicher Korrespondenz ist auch im Infla- Spezialkatalog aus 2008 von Peter Kroiss auf der Seite 240 ein weiterer, fast identer Beleg, abgebildet.

Bald darauf wird auf Wunsch der Verleger die oft tausende Zeitungen täglich versenden die Barfreimachung eingeführt sodass ab 01.04.1921 nur noch zumindest monatlich erscheinende Zeitungen, so die DÖAV-„Mitteilungen", mit Zeitungsmarken freizumachen sind. Ab 01.03.1922 gilt gänzliche Barfreimachung für Zeitungspoststücke die jeweils mit Vermerk V.b.b.= Verleger bar bezahlt zu versehen sind.

Derartige V.b.b.-Poststücke werden weder beim Aufgabe- noch beim Empfängerpostamt gestempelt, daher zeitlich nicht mehr zuzuordnen, jedenfalls nicht von der Abstempelung her. Das tabellarische Auflisten der Versanddaten der Jahre 1922-1928 erscheint daher weder möglich noch wirklich zielführend.
Eine Tatsache, die uns Sammlern das hochinteressante Gebiet der Zeitungsmarken-Vorausentwertungen vorerst zum Ende bringt. Erst ab 1928 setzt der DÖAV mit freistempelartig gedruckten Buchdruckstempeln den Schleifenversand mit Absendemonat fort was uns in die DÖAV- Periode VI vom 01.02.1928-31.10.1938 führt; es ist die Zeit der roten Buchdruck-Vorausentwertungen der ersten Republik.

Zur Beachtung bei den Gebührentabellen 5.1. und 5.2.:
Im Inlandspostverkehr für den Zeitungsversand sind die Portoperioden abweichend gegenüber jenen der Auslandspost für Drucksachen, was bei Gegenüberstellung der Inlands- und Auslandstarifaufstellung zu berücksichtigen gilt.

Es besteht unter bestimmten Voraussetzungen eine Versandmöglichkeit mit Zeitungsmarken in das nunmehr portobegünstigte Ausland der Nachfolgestaaten der Monarchie. Dieses Thema behandle ich im Hauptkapitel 8. „Destinationen- das Sammeln nach Zielländern“ im **Kapitel 8.2. „k.u.k. Monarchie/ Republik Österreich“.**

5.3.
Postdienste und Eigenheiten des DÖAV- Versands

5.3.1. Thema Unterfrankierte Sendungen

Diese werden vor dem 1.10.1916 mit doppeltem Fehlporto in Form von Nachmarken belastet, danach mit doppeltem Fehlporto aufgerundet auf die nächsthöhere durch 5 teilbare Zahl. Sowohl nachtaxierte DÖAV-Inlands- als auch Auslandsschleifen sind dem Verfasser nicht bekannt, die Existenz derartiger Belege ist fraglich. Um Vorlage wird gebeten.

5.3.2. Thema Eil- bzw. Expressbeförderung

Tarif für Eilige Drucksache bis 14.1.1920= plus 2 Heller, danach plus 5 Heller. Alpenvereinsschleifen mit Expressbeförderung liegen mir nicht vor. Deren Verwendung, ev. mit Merkur-Eilmarken im Rechteck oder Dreieck (Monarchie ANK 217- 220 bzw. Deutschösterreich der Ausgabe ANK 252- 254), erscheint fraglich. Um Vorlage wird gebeten.

5.3.3. Thema Leitzettel

Innerhalb Österreichs und in das DR adressierte Sammelsendungen werden manchmal seitens der Post mit Briefbund, Aufklebern und Anhängern versehen, um die Postroute in der Sortierung nach Regionen zu kennzeichnen. Derartige Maßnahmen gibt es in unserem Fall im Zeitungsversand, angeblich (Nachweise liegen mir keine vor) werden Zeitungsbünde per 50 an der zuoberst aufliegenden Zeitung markiert. Auf den Folgeseiten bilde ich einige derartige Leitzettel ab. Sollten dem geneigten Leser detailliertere Informationen vorliegen dann bitte um Mitteilung. In Destinationen der Tarifzone C „Sonstiges Ausland“ gibt es vermutlich derartige Leitzettel nicht.

5.3.4 Thema Empfänger unbekannt

-retour an Absender. Durch erneute Mithilfe des Sammlers Kaußen erhalte ich kurz vor Buchfertigstellung ein DÖAV-internes grünes Formular (Abbildung nachfolgend) welches dokumentiert dass nicht existente Empfänger oder jene mit fehlerhafter Zustellungsmöglichkeit offenbar gut behandelt werden. Der Vordruck ist vom Hauptausschuss des Alpenvereins an die Empfänger- Sektion, hier: Leipzig, gerichtet in dem diese aufgefordert wird die Mitgliedsdaten zu korrigieren.

Abbildung ad 5.3.4 Thema Empfänger unbekannt -retour

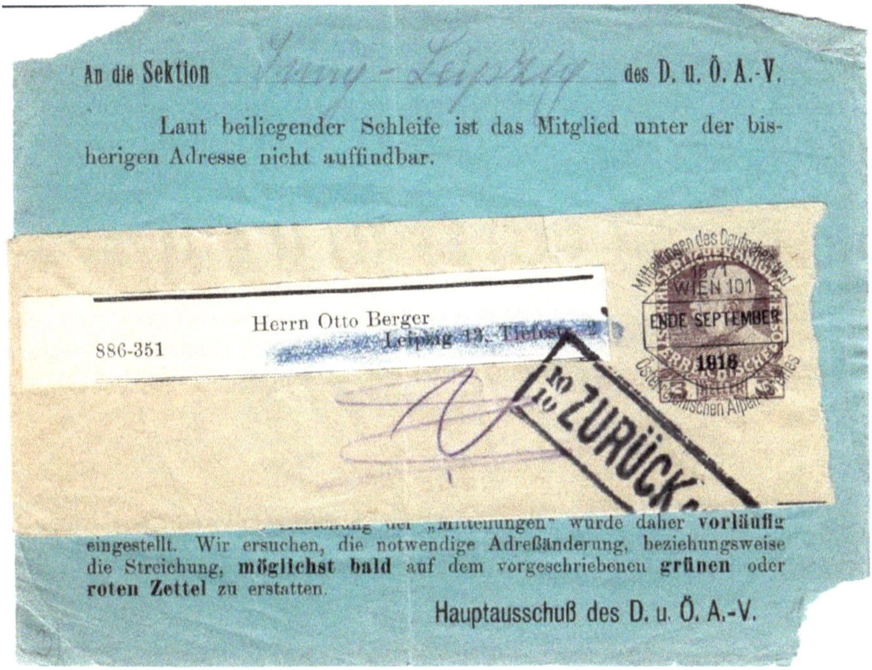
An die Sektion des D. u. Ö. A.-V.
Laut beiliegender Schleife ist das Mitglied unter der bisherigen Adresse nicht auffindbar.
Herrn Otto Berger
886-351
ZURÜCK
„Mitteilungen" wurde daher vorläufig eingestellt. Wir ersuchen, die notwendige Adreßänderung, beziehungsweise die Streichung, möglichst bald auf dem vorgeschriebenen grünen oder roten Zettel zu erstatten.
Hauptausschuß des D. u. Ö. A.-V.

Aus der Sammlung C Heinz Kaußen

Da man seitens DÖAVs die aus Leipzig zurückgesendete Schleife als unzustellbar tituliert und auf die grüne Mitteilung geklebt hat kann der Formularinhalt nicht mehr ermittelt werden. Die Qualitätsansprüche an hundert Jahre alte Dokumente dürfen nicht überbeansprucht werden. Vielmehr weist dieses interne Formular nach, das im Alpenverein auch im Kriegsjahr 1916 versandtechnisch sorgfältig gearbeitet wird.

5.3.5 Thema Weiterleitung an andere Adresse

Derartige DÖAV- Schleifen liegen vor, ich bilde sie auf nachfolgend unter „Abbildungen ad 5.3.5." ab.

5.3.6. Thema Farbe der Adresschleifen

Nicht schlüssig abzuklären ist die Frage nach den verschiedenfärbigen Adresschleifen die im DÖAV-Versand seitens der Versandfirma, der Firma Holzhausen, vorkommen. Es erscheint am wahrscheinlichsten dass Restpapierbögen mit Adressdaten bedruckt, zugeschnitten und dann auf die Schleife geklebt wurden, genauere Details liegen nicht vor.

Abbildungen ad 5.3.3. Thema Leitzettel (Österreich- Inland)

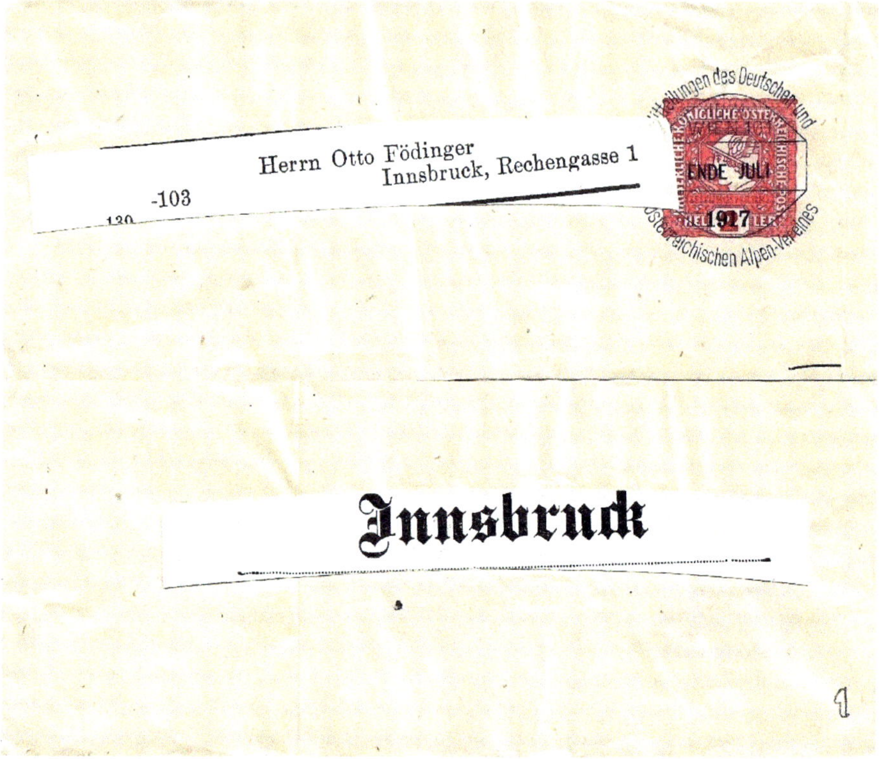

Ende Juli 1917, Inlands-Streifband 16a (40 Punkte), verwendet Ende Juli 1917, mit Leitzettel Innsbruck. Diese seltene Streifbandtype ist Ende Oktober 1916-1919 im Einsatz.

Für Streifbänder wie dieses, im Inland mit Leitzettel verwendet, ist wegen Nachfrage durch Heimatsammler ein Bewertungszuschlag von 50 Punkten anzusetzen.

Abbildungen ad 5.3.3. Thema Leitzettel (Deutsches Reich)

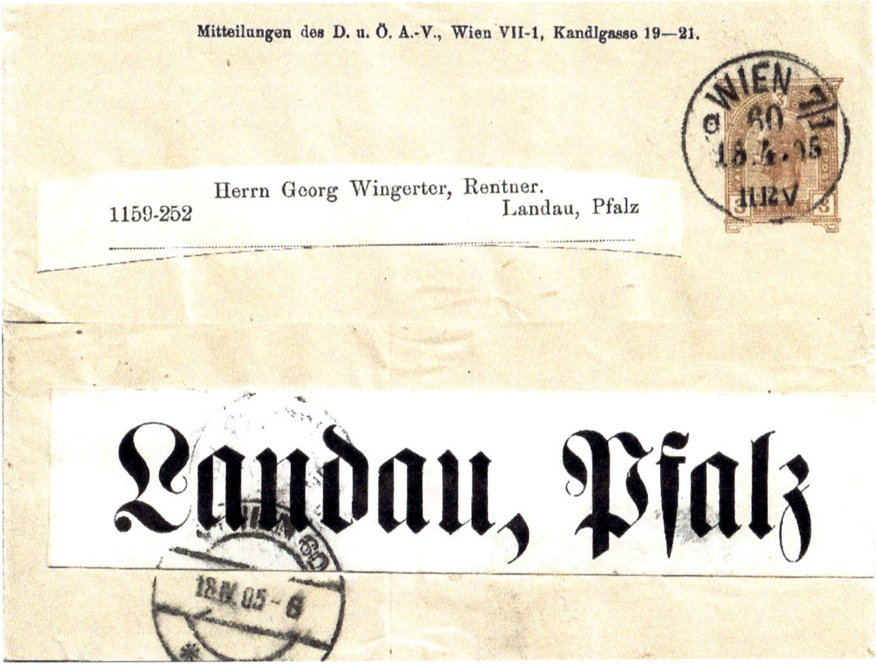

Aufpreis für Leitzettel Deutsches Reich plus 20 Punkte

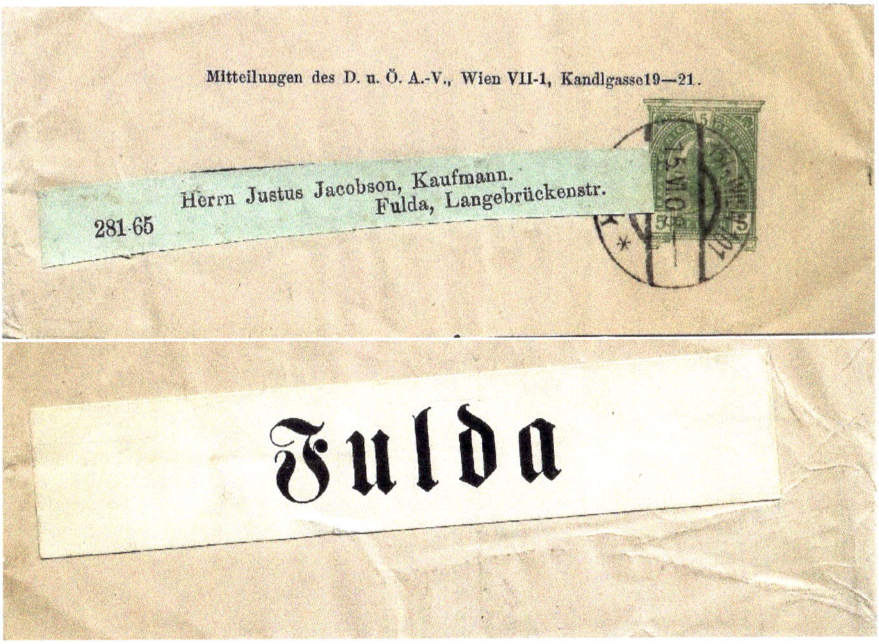

Abbildungen ad 5.3.5. Thema Schleifenweiterleitung

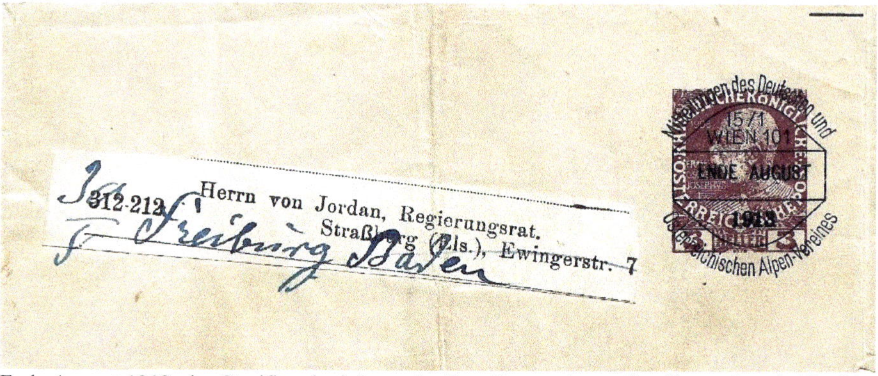

Ende August 1913; das Streifband wird von der Empfängeradresse Straßburg, damals Elsaß/ Deutsches Reich, nach Freiburg in Baden weitergeleitet.

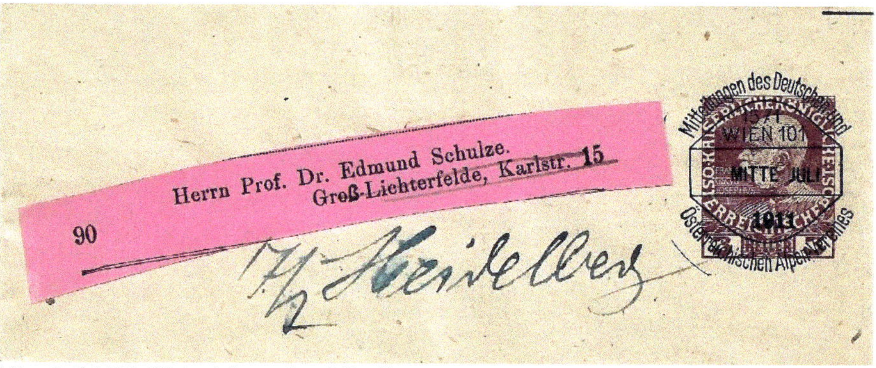

Mitte Juli 1911, Weiterleitung der „Mitteilungen" von Groß-Lichterfelde, einer Gemeinde südwestlich von Berlin, nach Heidelberg

Streifband 17, Inflaperiode 1 (15.1.-14.4.1920), weitergeleitet von Korntal (Region Stuttgart) nach Ludwigsburg.

5.4.
Zusatzfrankaturen

5.4.1. (Zusatz-)frankaturen mit Freimarke

Exkurs Freimarken- Einzelfrankaturen
Vorab sei erörtert, dass während der Versandperioden, in denen der Alpenverein Ganzsachen- Streifbänder verwendet (1903- 1938) auch die Einzelverwendung von Freimarken- oder Zeitungsmarken möglich ist, wenngleich der Alpenverein davon nur sehr selten Gebrauch macht. Dementsprechend hoch ist auch der Sammler- und Punktewert.
Ich bewerte derartige Ausgaben mit 100+ Punkten.

Streifband in das Deutsche Reich (Tarifzone B) 5.3.1904 mit Freimarke; eine äußerst seltene Verwendungsform, aufgrund des Adresschleifentypus als DÖAV- Streifband identifizierbar.

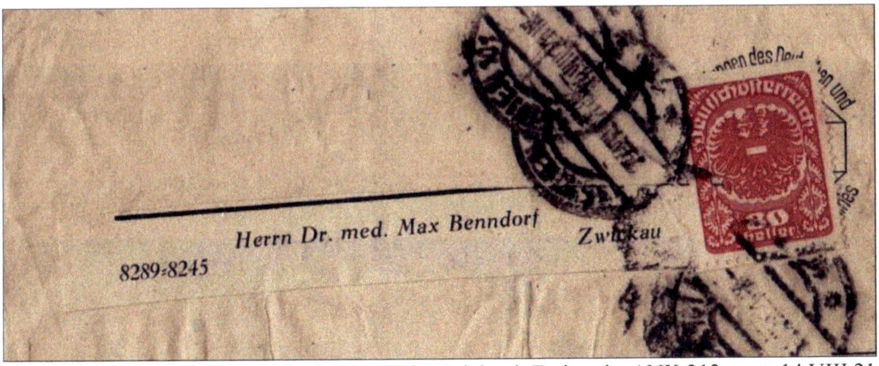

Streifband mit Einzelfrankatur in das Deutsche Reich mit Freimarke ANK 312, gest. 14.VIII.21 (Infla-Periode 5). Überklebt wurde hier die billige Nominale eines vorherigen Streifbandes; Abbildungsvorlage aus der Sammlung Kaußen

Freimarke als Zusatzfrankatur auf DÖAV- Streifband

Die Belege dieser Seite dokumentieren zwei Varianten einer möglichen Zusatzfrankatur. Der Alpenverein erwirbt bei der Post Streifbänder mit Vorausabstempelung. Die Versandabteilung des Alpenvereins beklebt die Schleife mit dem Adresszettel und säckelt die Zeitung ein. Da die eine oder andere Sendung zu schwer ist, weil z.B. ein Empfänger zwei „Mitteilungen" in einer Sendung erhält, kommt es beim Versand zur 2. Auslands-Portostufe die eine Zusatzfrankatur erfordert. Der Versand erfolgt nun nicht am Tag der Vorausentwertung 1.III.1909, sondern erst am 21.III.1909- so wie auf dem auf abgebildetem Beleg nach Bayreuth. Diese Handhabung ist üblich; die vorentwerteten Schleifen liegen auf Lager und werden je nach Bedarf entnommen und nachfrankiert

Variante 1: Streifband Wien nach Karlsruhe, DR, gest. 15.6.05.
beide Marken am selben Tag entwertet.

Variante 2: Zwei unterschiedliche Stempeldaten 1.III.1909 und 21.III.1909.

Zusatzfrankaturen auf Schleifen sind selten und ungewöhnlich, Wert bei beiden Streifband-Typen ab 50 Punkte.

Zusatzfrankaturen der Ersten Republik
liegen auch in Form des Typus der Periode VI vor, den Schleifen mit dem Buchdruck- Vorausentwertungsstempel in Roter Farbe.

Jänner 1938, das 4 Groschen- Streifband Nr. 28 ins Deutsche Reich, kurz vor dem Anschluss. Die 4 Gr.-Zusatzfrankatur in ÖS- Währung ist seltener als jene Zusatzfrankaturen die als Währungs- Mischfrankaturen in der kommenden Reichsmark- Zeit vorkommen. 150 Punkte.

Auch eine Abbildung aus der Zeit der Währungsmischfrankatur liegt vor; siehe Kapitel 4./ Abbildungen ad 4.6.

5.4.2.
(Zusatz-)frankaturen mit Zeitungsmarken

Exkurs Zeitungsmarken- Einzelfrankaturen
sind möglich, siehe auch Erläuterungen zum Vorkapitel 5.4.1. Exkurs (Zusatz-) frankaturen mit Freimarke, aber sehr selten (300 Punkte). Die Information ist gesichtert doch leider liegt mir kein Belegexemplar vor.

Zeitungsmarke als Zusatzfrankatur auf DÖAV- Streifband
Inlandsschleifen, meist mit Zeitungsmarken versendet, zählen per se zu den besseren, selteneren, höherbewerteten DÖAV- Sammelstücken. Noch dazu wenn sie eine der seltenen Zusatzfrankaturen, bedingt durch inflationsbedingte Portoerhöhung aufweisen wie hier abgebildet.

C Sammlung Kaußen

Infla-Zeitungsstreifband Nr. 20, Merkur gelb von vorne, AK 5.XI.21. Portogerechter 18 Heller-Tarif. Vorgesehener Verwendungszeitraum als Einzelfrankatur war der 01.04.- 30.09.1921. Der neue Tarif vom 01.10.-1.12.1921 beträgt bereits 18 Heller, daher sind 9 Heller zugeklebt. Wert 140 Punkte!

Können Inlandsschleifen sinnvoll mit Freimarken frankiert werden? Antwort: Theoretisch JA. Aber nicht zur ermäßigten Zeitungs- sondern zum meist teureren Drucksachentarif.
Fast immer ist die Zeitungsgebühr günstiger, nur in Einzelfällen lohnt sich bei leichten Zeitungen das Nachrechnen wenn die Gewichtsgebühr der Drucksache (Gewichtsprogression 50 Gramm.) geringer ist als die Stückgebühr für die Anzahl der Zeitungen ist.
Resümee: In der Praxis gängiger Gewichtsstufen der „Mitteilungen" des DÖAV mit etwa je 25 Zeitungsseiten werden derartige Ausgaben in portogerechter Frankatur kaum vorkommen.

6.0.
Haupttabelle Punktebewertung nach Eindruckklischees

Grundsätzliches: Der Punktewert aller Auslandsstreifbänder gilt immer für die günstigste Auslandsdestination Deutsches Reich, alle anderen Länder rechtfertigen teils beträchtliche Aufschläge.

Katalog Nummer	Punkte Zeitraum	Beschreibung Sonstiges
Nr. 1 	**Punkte: 60** von 1904-1908	Streifband 2 Heller hellgrün, nur für Tarifzone A innerhalb der k.u.k. Monarchie. Wird erst beim Empfänger-postamt gestempelt, somit keine Vorausentwertung.
Nr. 2 	**Periode I Punkte: 8** **Periode II Punkte: 6** vom 18.02.03- 29.09.08	Türbogenmuster 3 Heller braun, Streifband für Tarifgruppe B (Deutsches Reich); kommt speziell in der Periode I (18.02.03-13.05.07) selten mit deutlich lesbarem Datum vor.
Nr. 3 	**Deutsches Reich 20 P.** **Ausland weltweit 80 P.** vom 30.06.04- 29.09.06	Türbogenmuster 5 Heller schiefergrün für Streifbänder der 2. Gewichtsstufe 50-100 gr. ins Deutsche Reich oder für Versand in alle Länder außerhalb der Monarchie und des Deutschen Reichs (bis 20 gr., Zone C).
Nr. 4 	**Deutsches Reich 20 P.** **Ausland weltweit 80 P.** vom 17.01.07- 17.07.08	Türbogenmuster 5 Heller grasgrün für Streifbänder der 2. Gewichtsstufe 50-100 gr. ins Deutsche Reich oder für Versand in alle Länder außerhalb der Monarchie und des Deutschen Reichs (bis 20 gr., Zone C).
Nr. 5 	**Punkte: 120** vom 19.06.06- 17.06.07	Türbogenmuster 10 Heller rot, kommt zum Einsatz bei schwereren Sendungen von 20- 40 Gramm in die Tarifzone C „Sonstiges Ausland".
Nr. 6 	**Punkte: 4** vom 14.10.08-16.03.10	Freimarkeneindruck Jubiläumsausgabe 1908, 3 Heller bräunlichlila. Streifband der 1. Gewichtsstufe bis 50 Gramm ins Deutsche Reich (Tarifzone B).

Nr. 7

Deutsches Reich 20 P.
Ausland weltweit 40 P.

vom 03.03.-30.09.09

Jubiläumsausgabe 1908, 5 Heller grün. Verwendung für 2. Gewichtsstufe 50- 100 gr. ins Deutsche Reich (Tarifzone B) oder Versand der 1. Gewichtsstufe in alle Länder außerhalb der Monarchie und des Deutschen Reichs (bis 20 gr., Tarifzone C).

Nr. 8

Punkte: 250

verwendet nur am 03.07.09

Jubiläumsausgabe 1908, 10 Heller rot für Streifbänder der 2. Gewichtsstufe (20- 40 Gr.) in die Tarifzone C „Sonstige Länder“, somit in Länder außerhalb der Monarchie und des Deutschen Reichs

Nr. 9

Punkte: 40

von 1908- bis 1909

Zeitungsmarkeneindruck 2 Heller blaugrün (nur für Inlandsversand innerhalb der Monarchie Tarifzone A). Wird erst beim Empfängerpostamt gestempelt, keine Vorausentwertung.

Nr. 9a

Punkte: 4

von Ende März 1910- Ende September 1916

3 Heller bräunlichlila mit zweiteiligem Buchdruck- Aufdruck (Rahmen+ Gültigkeitsdatum „Mitte Monat“ oder „Ende Monat“). Versand in die Tarifzone B (Deutsches Reich) in der ersten Gewichtsstufe bis 50 Gramm.

Nr. 9b

Punkte: 15

verwendet nur im August 1914

Einmaliger Freimarkeneindruck KFJ Jubiläumsausgabe 1908, 3 Heller bräunlichlila mit zweiteiligem Buchdruck- Aufdruck (Rahmen+ Gültigkeitsdatum „August 1914“) ohne vorgestellte „Mitte“ oder „Ende“.

Nr. 9c

Punkte: 40
von vermutlich Dezember 1913- Februar1914

3 Heller bräunlichlila mit einteiligem Buchdruck- Aufdruck (nur Rahmen, ohne Datum). Möglicherweise Fehl- oder Probedruck, oder variable Joker- Ausgabe um Jahresbeginn 1914. Siehe auch **4.3.1. „Provisorien & Einschubausgaben“**

Nr. 9 F I

Punkte: 150

August 1914

Fehldruck der Ausgabe „August 1914“, Abbildung des kompletten Streifbands 7 F I siehe Kapitel 9.1.1.

Von der Ausgabe Nr. 9 liegen mehrere Fehldrucke vor die ich im **Kapitel 9.1.1. „Studie der möglichen Aufdruckfehler & Abarten anhand der Streifbandausgabe 9“** abbilde.

Nr. 10a

Deutsches Reich 4 P.
Ausland weltweit 20 P.

von Ende März 1910- bis Mitte Juni 1914

Der 5 H- Wertstempel wird zumeist in das Deutsche Reich DR verschickt (2. Gewichtsstufe 50- 100 Gramm, Tarifzone B). Oder in die Tarifzone C, 1. Gewichtsstufe von 20-40 gr.).

Nr. 10b

Deutsches Reich 15 P.
Ausland weltweit 40 P.
Nur einmal, Jänner-Februar 1914, vorkommend

Wie 10a jedoch mit zweiteiligem Buchdruck- Aufdruck (Rahmen+ Gültigkeitsdatum „Januar-Februar 1914"), somit Doppelmonat.

Nr. 10c

Deutsches Reich 15 P.
Ausland weltweit 40 P.
(nur einmal, im März 1914, vorkommend)

Wie 10a jedoch mit zweiteiligem Buchdruck- Aufdruck (Rahmen+ Datum „März 1914") ohne vorgestelltes „Mitte" oder „Ende"

Nr. 10d

Deutsches Reich 40 P.
Ausland weltweit 80 P.
von Dezember 1913-Februar 1914

Wie 10a jedoch mit <u>einteiligem</u> Buchdruck- Aufdruck (nur Rahmen, ohne Datum). Möglicherweise Fehl- oder Probedruck, oder variable Joker- Ausgabe, Siehe auch **4.3.1. „Provisorien & Einschubausgaben der Periode III"**

Nr. 11a

Punkte: 80

Mitte Mai 1910-Juni 1914

Jubiläumsausgabe 1908, 10 Heller rot mit zweiteiligem Buchdruck- Aufdruck (Rahmen+ Gültigkeitsdatum „Mitte Monat" oder „Ende Monat"). für Streifbänder der 2. Gewichtsstufe (20- 40 Gr.) in Tarifzone C

Nr. 12

Punkte: 6

Ende Oktober 1916-Ende August 1918

Kaiserkrone 1916, 3 Heller violett mit zweiteiligem Bdr.- Aufdruck (Rahmen+ Gültigkeitsdatum „Mitte Monat" oder „Ende Monat"). 1. Gewichtsstufe Deutsches Reich bis 50 Gramm

Nr. 13

Punkte: 6

Ende September 1918-Ende November 1919

Kaiserkrone 1916, 5 Heller grün wegen Portoerhöhung. Zweiteiligem Bdr.- Aufdruck (Rahmen+ Gültigkeitsdatum „Mitte Monat" oder „Ende Monat"). 1. Gewichtsstufe DR bis 50 Gramm

Von dieser Ausgabe liegt ein Fehldruck 13 F I „Fehlender erster Druckgang des Rahmens" vor den ich nach dem **Kapitel 9.1.1. „Studie der möglichen Aufdruckfehler & Abarten anhand Streifbandausgabe 9"** abbilde.

Nr. 14

Punkte: 40

von Ende März 1910-Ende September 1916

Zeitungsmarkeneindruck 2 Heller blaugrün (nur für Inlandsversand) mit zweiteiligem Buchdruck- Aufdruck (Rahmen+ Gültigkeitsdatum „Mitte Monat" oder „Ende Monat")

Nr. 14 F I

Punkte: 180

August 1914

obenstehend gelistete Ausgabe 14 auch als Fehldruck „AUGSTU" 1914 bekannt

Nr. 14a: Weiters liegt vom Monat „JANUAR-FEBRUAR 1914" eine reguläre „Doppelmonats- Variante" vor die mangels Bildvorlage hier nicht abgebildet werden kann.

Abbildungen der kompletten AUGSTU-Streifbänder im Kapitel 9.2. „Abbildungen Studie Aufdruckfehler und vorkommende Druckzufälligkeiten anhand der variantenreichen Streifbandausgabe Nr. 9“

Nr. 15

Punkte: 300

einmalig verwendet
Ende Juni 1913

Zeitungsmarkeneindruck 6 Heller braun mit zweiteiligem Buchdruck- Aufdruck „Ende Juni 1913“, Verwendet für die 2. Inlands- Gewichtsstufe; das DÖAV-Streifband erscheint ausnahmsweise im ungewohnten Überformat!

Nr. 16a

Punkte: 40

von Ende Oktober
1916- 1919

Zeitungsmarkeneindruck 2 Heller kleiner Merkur nach links rot (nur für Inlandsversand) mit zweiteiligem Buchdruck- Aufdruck (Rahmen+ Gültigkeit „Mitte Monat“ oder „Ende Monat“)

Nr. 16b

Punkte: 70

von Ende Oktober
1916-31.12.1919

2 Heller kleiner Merkur nach links rot mit <u>einteiligem</u> Buchdruck- Aufdruck (nur Rahmen, ohne Datum). Möglicherweise Fehl- oder Probedruck, oder variable Joker-Ausgabe. Siehe auch **4.3.1 „Provisorien & Einschubausgaben der Periode III“**

Nr. 17

Punkte: 20

von 15.1.-14.4.20

Freimarkenzudruck einer 5 Heller Wappen schmal Deutschösterreich auf der 5 Heller- Schleife Nr. 13. Wegen Portoerhöhung von 5 auf 10 Heller ins Deutsche Reich. Inflaperiode 1

Nr. 18

Punkte: 40

von 01.01-30.06.20

Zeitungsmarkeneindruck 2 Heller Merkur nach vorne rot mit <u>einteiligem</u> Buchdruck- Aufdruck (nur Rahmen, ohne Datum). Nur für den Zeitungs-Inlandsversand.

Nr. 19

Punkte: 40

von 01.07.20-31.03.21

Zeitungsmarkeneindruck 6 Heller Merkur nach vorne grünblau mit <u>einteiligem</u> Buchdruck- Aufdruck (nur Rahmen, ohne Datum). Nur für den Zeitungs- Inlandsversand.

Nr. 20

Punkte: 60

von 01.04.-30.09.21

Zeitungsmarkeneindruck 9 Heller Merkur nach vorne gelb mit <u>einteiligem</u> Buchdruck- Aufdruck (nur Rahmen, ohne Datum). Nur für den Zeitungs-Inlandsversand.

Nr. 21

Punkte: 80

von 01.10.-31.12.21

Zeitungsmarkeneindruck 18 Heller Merkur nach vorne blaugrün mit <u>einteiligem</u> Buchdruck- Aufdruck (nur Rahmen, ohne Datum). Nur für den Zeitungs- Inlandsversand.

Nr. 22 	**Punkte: 40** von 15.01.-14.04.20	Wappen schmal 10 Heller ziegelrot mit einteiligem Buchdruck-Aufdruck ohne Datum. Für 1. Gewichtsstufe bis 50 gr. ins Deutsche Reich/ Inflaperiode 2
Nr. 23a 	**Punkte: 12** von 15.04.20-31.01.21	Wappen schmal 20 Heller dunkelgrün mit einteiligem Buchdruck-Aufdruck ohne Datum. Für 1. Gewichtsstufe bis 50 gr. ins DR/ Inflaperiode 3
Nr. 23b 	**Punkte: 12** von 15.04.20-31.01.21	Wappen schmal 20 Heller dunkelgrün mit einteiligem Buchdruck-Aufdruck ohne Datum. Für 1. Gewichtsstufe bis 50 gr. ins DR/ Inflaperiode 3
Nr. 24 	**Punkte: 12** von 01.02.-31.07.21	Wappen schmal 40 Heller rot mit eint. Buchdruck- Aufdruck ohne Datum. Für 1. Gewichtsstufe bis 50 gr. ins DR/ Inflaperiode 4
Nr. 25 	**Punkte: 600** von 01.02- 31.07.21	Wappen breit 1 Krone dunkelbraun mit Bdr- Aufdruck. Inflaperiode 4, Tarif ins nichtbegünstigte Ausland Tarifzone C. Abb. siehe Destinationen **8.4.3. „Sämtliche andere Länder“**
Nr. 26 	**Punkte: 25** von 01.08. 30.11.21	Wappen breit 2 Kronen hellblau mit Bdr.- Aufdruck. Inflaperiode 5, allgemeiner Auslandstarif. Eine Schleife mit Abklatsch ist im Kapitel **8.1. Druckzufälligkeiten** abgebildet.
Nr. 27 	**Punkte: 300** von 01.01.- 28.02.22	Deutschösterreich- Merkur nach links. Kein zusätzlicher Aufdruck. Das 45 Heller- Streifband ohne Hand- oder Vorausentwertungsstempel, Stempelung erfolgt beim Empfängerpostamt.

In der Periode vom 01.03.1922-03.02.1928 gilt für den gesamten Zeitungspostverkehr ausnahmslos Barfreimachung mit dem Vermerk „Verleger bar bezahlt“ bzw. „V.b.b.“. Von einer Erfassung und Katalogisierung sehe ich wegen fehlender Stempeldaten ab da nicht zielführend. Es gibt aber weiterhin Versandtätigkeit des DÖAVs in dieser Zeit!

Nr. 28

Punkte: 80

Buchdruckausgabe in Rot, kein Freistempler. Der 4 Groschen-Wert ist von Februar 1928 bis Juli 1938 in Verwendung.

Nr. 29

Punkte: 400

Buchdruckausgabe in Rot, kein Freistempler, bis zum Ende der ersten Republik im Einsatz.
5 Groschen-Wert zweimal bekannt, vom Juni 1936 und September 1936

Nr. 30

Punkte: 400

Buchdruckausgabe in Rot, kein Freistempler, bis zum Ende der ersten Republik im Einsatz.Der 8 Groschen- Wert ist vom Oktober 1928 und Dezember 1933 bekannt.

Nr. 31

Punkte: LP

Buchdruckausgabe in Rot, kein Freistempler, bis zum Ende der ersten Republik im Einsatz.
Der 10 Groschen-Wert ist nur von der Ausgabe April 1936 bekannt, R

Nr. 32

Punkte: 400

Buchdruckausgabe in Rot, kein Freistempler. Der 4 Reichspfennig-Wert ist von August bis Dezember 1938 monatlich durchgehend in Verwendung.

Ende der Bearbeitung

7.
Haupttabelle DÖAV-Streifbänder nach Versanddatum

Übersicht der bisher bekannten Zeitungsschleifen-Privatganzsachen mit Wertstempeleindruck des Alpenvereins. In den Periode 0, I und II nach Stempeltypus, in den Perioden III, IV und V nach dem jeweilig eingesetzten Vorausentwertungsstempel bzw. recherchierten plausiblen Verwendungsdaten gelistet. Bekannt sind 12 Hauptstempeltypen mit Unterarten die mitsamt Verwendungszeitraum und Abbildungen im Kapitel **4.3.2. „Stempeltypen der ersten drei Versandperioden“** abgebildet sind. Es gibt zahlreiche idente Schleifen gleichen Datums mit unterschiedlichen Entwertungsstempeltypen weshalb ich bei jedem Streifband-Versanddatum der Perioden 0, I und II in der Tabelle die theoretisch möglichen Stempeltypen anführe.
Bei Streifbändern im Inlandsverkehr ist stets mit Zeitungswertstempel freizumachen. Da deren Abstempelung stets ein Ankunftsstempel ist, werden bekannte vorliegende Ankunfts-Stempeldaten anstelle des Versanddatums genannt um den ca.-Verwendungszeitpunkt zu nennen.

1875-1903	**DÖAV-Vorläufer-Periode 0 von 1875- 17.2.1903** **Keine Ganzsachen !**
1903-1907	**DÖAV-Periode I, 18.02.1903- 13.05.1907** **Normale Abstempelung, keine Vorausentwertung**

1903 Punkte	**Datum**	**Nummer Bild**	**Stempeltypen lt. Kap. 4.3.3. „Stempelkunde“, Sonstiges**
16 P	18.II.1903	2 	**Ersttag** Streifband 2 mit 3 H-Eindruck, für Versand vom 18.02.1903-29.09.1908 ins DR. 1. Gewichtsstufe, bis 50 gr., Tarifzone B. Stempeltypen 2/1- 3/4.
8 P	11.4.03	2 	3 Heller „Kaiserkopf im Torbogen“ für Versand ins Deutsche Reich. 1. Gewichtsstufe bis 50 gr., Tarifzone B. Stempeltypen 2/1- 3/4.

8 P	18.2.04	2 	3 Heller „Kaiserkopf im Torbogen“ für Versand ins Deutsche Reich 1. Gewichtsstufe bis 50 gr., Tarifzone B. Stempeltypen 2/1- 4/3.
8 P	1.3.04	2 	3 Heller „Kaiserkopf im Torbogen“ für Versand ins Deutsche Reich 1. Gewichtsstufe bis 50 gr., Tarifzone B. Stempeltypen 2/1- 4/3.
8 P	15.3.04	2 	3 Heller „Kaiserkopf im Torbogen“ für Versand ins Deutsche Reich 1. Gewichtsstufe bis 50 gr., Tarifzone B. Stempeltypen 2/1- 4/3.
8 P	30.3.04	2 	3 Heller „Kaiserkopf im Torbogen“ für Versand ins Deutsche Reich 1. Gewichtsstufe bis 50 gr., Tarifzone B. Stempeltypen 2/1- 4/3.
8 P	14.IV.04	2 	Stempeltypen 2/1- 4/3, sowie erstmalig der Doppelkreis- Brückenstempel 5/1- 5/2 mit UB a, Uhrzeit in arabischen und römischen Ziffern. Versand ins Deutsche Reich, Tarifzone B.
8 P	15.IV.04	2 	3 Heller „Kaiserkopf im Torbogen“ für Versand ins Deutsche Reich 1. Gewichtsstufe bis 50 gr., Tarifzone B. Stempeltypen 2/1- 5/2.
8 P	30.IV.04	2 	3 Heller „Kaiserkopf im Torbogen“ für Versand ins Deutsche Reich 1. Gewichtsstufe bis 50 gr., Tarifzone B. Stempeltypen 2/1- 5/2.
8 P	14.V.04	2 	3 Heller „Kaiserkopf im Torbogen“ für Versand ins Deutsche Reich 1. Gewichtsstufe bis 50 gr., Tarifzone B. Stempeltypen 2/1- 5/2.
8 P	16.V.04	2 	3 Heller „Kaiserkopf im Torbogen“ für Versand ins Deutsche Reich 1. Gewichtsstufe bis 50 gr., Tarifzone B. Stempeltypen 2/1- 5/2.

8 P	13.VI.04	2 	3 Heller „Kaiserkopf im Torbogen“ für Versand ins Deutsche Reich 1. Gewichtsstufe bis 50 gr., Tarifzone B. Stempeltypen 2/1- 5/2.
8 P	14.VI.04	2 	3 Heller „Kaiserkopf im Torbogen“ für Versand ins Deutsche Reich 1. Gewichtsstufe bis 50 gr., Tarifzone B. Stempeltypen 2/1- 5/2.
20 P in Tarifzone B 80 P in Tarifzone C	30.6.04	3 	**Ersttag** der Nr. 3 (5 Heller schiefergrün „Kaiserkopf im Torbogen“), Verwendung vom 30.6.1904- 29.09.1906 in das DR. 2. Gewichtsstufe, Stempeltypen 2/1- 5/2.
8 P	16.VII.04	2 	3 Heller „Kaiserkopf im Torbogen“ für Versand ins Deutsche Reich 1. Gewichtsstufe bis 50 gr., Tarifzone B. Stempeltypen 2/1- 5/2.
8 P	29.VII.04	2 	3 Heller „Kaiserkopf im Torbogen“ für Versand ins Deutsche Reich 1. Gewichtsstufe bis 50 gr., Tarifzone B. Stempeltypen 2/1- 5/2.
8 P	13.VIII.04	2 	3 Heller „Kaiserkopf im Torbogen“ für Versand ins Deutsche Reich 1. Gewichtsstufe bis 50 gr., Tarifzone B. Stempeltypen 2/1- 5/2.
8 P	30.VIII.04	2 	3 Heller „Kaiserkopf im Torbogen“ für Versand ins Deutsche Reich 1. Gewichtsstufe bis 50 gr., Tarifzone B. Stempeltypen 2/1- 5/2.
8 P	14.9.04	2 	3 Heller „Kaiserkopf im Torbogen“ für Versand ins Deutsche Reich 1. Gewichtsstufe bis 50 gr., Tarifzone B. Stempeltypen 2/1- 5/2.
8 P	14.IX.04	2 	3 Heller „Kaiserkopf im Torbogen“ für Versand ins Deutsche Reich 1. Gewichtsstufe bis 50 gr., Tarifzone B. Stempeltypen 2/1- 5/2.

8 P 15.IX.04

2

3 Heller „Kaiserkopf im Torbogen“ für Versand ins Deutsche Reich
1. Gewichtsstufe bis 50 gr., Tarifzone B.
Stempeltypen 2/1- 5/2.

8 P 14.X.04

2

3 Heller „Kaiserkopf im Torbogen“ für Versand ins Deutsche Reich
1. Gewichtsstufe bis 50 gr., Tarifzone B.
Stempeltypen 2/1- 5/2.

8 P 15.X.04

2

3 Heller „Kaiserkopf im Torbogen“ für Versand ins Deutsche Reich
1. Gewichtsstufe bis 50 gr., Tarifzone B.
Stempeltypen 2/1- 5/2.

8 P 29.10.04

2

3 Heller „Kaiserkopf im Torbogen“ für Versand ins Deutsche Reich
1. Gewichtsstufe bis 50 gr., Tarifzone B.
Stempeltypen 2/1- 5/2.

8 P 14.XI.04

2

3 Heller „Kaiserkopf im Torbogen“ für Versand ins Deutsche Reich
1. Gewichtsstufe bis 50 gr., Tarifzone B.
Stempeltypen 2/1- 5/2.

8 P 30.XI.04

2

3 Heller „Kaiserkopf im Torbogen“ für Versand ins Deutsche Reich
1. Gewichtsstufe bis 50 gr., Tarifzone B.
Stempeltypen 2/1- 5/2.

8 P 13.12.04

2

3 Heller „Kaiserkopf im Torbogen“ für Versand ins Deutsche Reich
1. Gewichtsstufe bis 50 gr., Tarifzone B.
Stempeltypen 2/1- 5/2.

8 P 29.XII.04

2

Stempeltypen 2/1-3/4, sowie letztmalig der Einkreisstempel mit Rechteck 4/1- 4/3 ohne UBs, weiters 5/1 und 5/2. Versand ins Deutsche Reich
1. Gewichtsstufe bis 50 gr., Tarifzone B

1905 Punkte	Datum	Nummer Bild	Stempeltypen lt. Kap. 4.3.3. „Stempelkunde“, Sonstiges
8 P	13.I.05	2 	3 Heller „Kaiserkopf im Torbogen“ für Versand ins Deutsche Reich. 1. Gewichtsstufe bis 50 gr., Tarifzone B. Stempeltypen 2/1- 3/4 sowie 5/1-5/2.
8 P	30.1.05	2 	3 Heller „Kaiserkopf im Torbogen“ für Versand ins Deutsche Reich. 1. Gewichtsstufe bis 50 gr., Tarifzone B. Stempeltypen 2/1- 3/4 sowie 5/1-5/2.
8 P	13.2.05	2 	3 Heller „Kaiserkopf im Torbogen“ für Versand ins Deutsche Reich. 1. Gewichtsstufe bis 50 gr., Tarifzone B. Stempeltypen 2/1- 3/4 sowie 5/1-5/2.
8 P	14.2.05	2 	3 Heller „Kaiserkopf im Torbogen“ für Versand ins Deutsche Reich. 1. Gewichtsstufe bis 50 gr., Tarifzone B. Stempeltypen 2/1- 3/4 sowie 5/1-5/2.
8 P	19.2.05	2 	3 Heller „Kaiserkopf im Torbogen“ für Versand ins Deutsche Reich. 1. Gewichtsstufe bis 50 gr., Tarifzone B. Stempeltypen 2/1- 3/4 sowie 5/1-5/2.
8 P	22.II.05	2 	3 Heller „Kaiserkopf im Torbogen“ für Versand ins Deutsche Reich. 1. Gewichtsstufe bis 50 gr., Tarifzone B. Stempeltypen 2/1- 3/4 sowie 5/1-5/2.
8 P	27.2.05	2 	3 Heller „Kaiserkopf im Torbogen“ für Versand ins Deutsche Reich. 1. Gewichtsstufe bis 50 gr., Tarifzone B. Stempeltypen 2/1- 3/4 sowie 5/1-5/2.
8 P	11.3.05	2 	3 Heller „Kaiserkopf im Torbogen“ für Versand ins Deutsche Reich. 1. Gewichtsstufe bis 50 gr., Tarifzone B. Stempeltypen 2/1- 3/4 sowie 5/1-5/2.

8 P	14.III.05	2 	3 Heller „Kaiserkopf im Torbogen“ für Versand ins Deutsche Reich. 1. Gewichtsstufe bis 50 gr., Tarifzone B. Stempeltypen 2/1- 3/4 sowie 5/1-5/2.
8 P	15.IV.05	2 	3 Heller „Kaiserkopf im Torbogen“ für Versand ins Deutsche Reich. 1. Gewichtsstufe bis 50 gr., Tarifzone B. Stempeltypen 2/1- 3/4 sowie 5/1-5/2.
8 P	18.4.05	2 	3 Heller „Kaiserkopf im Torbogen“ für Versand ins Deutsche Reich. 1. Gewichtsstufe bis 50 gr., Tarifzone B. Stempeltypen 2/1- 3/4 sowie 5/1-5/2.
8 P	28.4.05	2 	3 Heller „Kaiserkopf im Torbogen“ für Versand ins Deutsche Reich. 1. Gewichtsstufe bis 50 gr., Tarifzone B. Stempeltypen 2/1- 3/4 sowie 5/1-5/2.
8 P	29.IV.05	2 	3 Heller „Kaiserkopf im Torbogen“ für Versand ins Deutsche Reich. 1. Gewichtsstufe bis 50 gr., Tarifzone B. Stempeltypen 2/1- 3/4 sowie 5/1-5/2.
8 P	13.V.05	2 	3 Heller „Kaiserkopf im Torbogen“ für Versand ins Deutsche Reich. 1. Gewichtsstufe bis 50 gr., Tarifzone B. Stempeltypen 2/1- 3/4 sowie 5/1-5/2.
8 P	30.V.05	2 	3 Heller „Kaiserkopf im Torbogen“ für Versand ins Deutsche Reich. 1. Gewichtsstufe bis 50 gr., Tarifzone B. Stempeltypen 2/1- 3/4 sowie 5/1-5/2.
8 P	31.V.05	2 	3 Heller „Kaiserkopf im Torbogen“ für Versand ins Deutsche Reich. 1. Gewichtsstufe bis 50 gr., Tarifzone B. Stempeltypen 2/1- 3/4 sowie 5/1-5/2.
8 P	4.6.05	2 	3 Heller „Kaiserkopf im Torbogen“ für Versand ins Deutsche Reich. 1. Gewichtsstufe bis 50 gr., Tarifzone B. Stempeltypen 2/1- 3/4 sowie 5/1-5/2.

8 P	15.6.05	2 	3 Heller „Kaiserkopf im Torbogen“ für Versand ins Deutsche Reich. 1. Gewichtsstufe bis 50 gr., Tarifzone B. Stempeltypen 2/1- 3/4 sowie 5/1-5/2.
20 P in Tarifzone B 80 P in Tarifzone C	15.6.05	3 	5 Heller „Kaiserkopf im Torbogen“ für Versand ins Deutsche Reich. 2. Gewichtsstufe 50- 100 gr., Tarifzone B. Stempeltypen 2/1- 3/4 sowie 5/1-5/2.
150 P	AK 15.VI.05	1 	Streifband-Großumschlag, vom Format üblicher Zeitungsschleifen abweichend. RR!
20 P in Tarifzone B 80 P in Tarifzone C	16.6.05	3 	5 Heller „Kaiserkopf im Torbogen“ für Versand ins Deutsche Reich. 2. Gewichtsstufe 50- 100 gr., Tarifzone B. Stempeltypen 2/1- 3/4 sowie 5/1-5/2.
20 P in Tarifzone B 80 P in Tarifzone C	17.VI.05	3 	5 Heller „Kaiserkopf im Torbogen“ für Versand ins Deutsche Reich. 2. Gewichtsstufe 50- 100 gr., Tarifzone B. Stempeltypen 2/1- 3/4 sowie 5/1-5/2.
20 P in Tarifzone B 80 P in Tarifzone C	26.6.05	3 	5 Heller „Kaiserkopf im Torbogen“ für Versand ins Deutsche Reich. 2. Gewichtsstufe 50- 100 gr., Tarifzone B. Stempeltypen 2/1- 3/4 sowie 5/1-5/2.
8 P	28.6.05	2 	3 Heller „Kaiserkopf im Torbogen“ für Versand ins Deutsche Reich. 1. Gewichtsstufe bis 50 gr., Tarifzone B. Stempeltypen 2/1- 3/4 sowie 5/1-5/2.
60 P	AK 01.07.05	1 	Inlands- Zeitungsstreifband 2 H hellgrün zur Verwendung in Tarifzone A innerhalb der k.u.k. Monarchie. Stempelung beim Empfängerpostamt. Verwendung in den Jahren 1904-1908.
8 P	12.7.05	2 	3 Heller „Kaiserkopf im Torbogen“ für Versand ins Deutsche Reich. 1. Gewichtsstufe bis 50 gr., Tarifzone B. Stempeltypen 2/1- 3/4 sowie 5/1-5/2.

8 P	13.7.05	2 	3 Heller „Kaiserkopf im Torbogen“ für Versand ins Deutsche Reich. 1. Gewichtsstufe bis 50 gr., Tarifzone B. Stempeltypen 2/1- 3/4 sowie 5/1-5/2.
8 P	14.7.05	2 	3 Heller „Kaiserkopf im Torbogen“ für Versand ins Deutsche Reich. 1. Gewichtsstufe bis 50 gr., Tarifzone B. Stempeltypen 2/1- 3/4 sowie 5/1-5/2.
8 P	15.7.05	2 	3 Heller „Kaiserkopf im Torbogen“ für Versand ins Deutsche Reich. 1. Gewichtsstufe bis 50 gr., Tarifzone B. Stempeltypen 2/1- 3/4 sowie 5/1-5/2.
60 P	AK 16.07.05	1 	Inlands- Zeitungsstreifband 2 H hellgrün zur Verwendung in Tarifzone A innerhalb der k.u.k. Monarchie. Stempelung beim Empfängerpostamt. Verwendung in den Jahren 1904-1908.
8 P	16.7.05	2 	3 Heller „Kaiserkopf im Torbogen“ für Versand ins Deutsche Reich. 1. Gewichtsstufe bis 50 gr., Tarifzone B. Stempeltypen 2/1- 3/4 sowie 5/1-5/2.
8 P	30.VII.05	2 	3 Heller „Kaiserkopf im Torbogen“ für Versand ins Deutsche Reich. 1. Gewichtsstufe bis 50 gr., Tarifzone B. Stempeltypen 2/1- 3/4 sowie 5/1-5/2.
8 P	14.8.05	2 	3 Heller „Kaiserkopf im Torbogen“ für Versand ins Deutsche Reich. 1. Gewichtsstufe bis 50 gr., Tarifzone B. Stempeltypen 2/1- 3/4 sowie 5/1-5/2.
8 P	15.IX.05	2 	3 Heller „Kaiserkopf im Torbogen“ für Versand ins Deutsche Reich. 1. Gewichtsstufe bis 50 gr., Tarifzone B. Stempeltypen 2/1- 3/4 sowie 5/1-5/2.
8 P	15.9.05	2 	3 Heller „Kaiserkopf im Torbogen“ für Versand ins Deutsche Reich. 1. Gewichtsstufe bis 50 gr., Tarifzone B. Stempeltypen 2/1- 3/4 sowie 5/1-5/2.

8 P	29.IX.05	2 	3 Heller „Kaiserkopf im Torbogen“ für Versand ins Deutsche Reich. 1. Gewichtsstufe bis 50 gr., Tarifzone B. Stempeltypen 2/1- 3/4 sowie 5/1-5/2.
8 P	29.IX.05	2 	3 Heller „Kaiserkopf im Torbogen“ für Versand ins Deutsche Reich. 1. Gewichtsstufe bis 50 gr., Tarifzone B. Stempeltypen 2/1- 3/4 sowie 5/1-5/2.
8 P	2.10.05	2 	3 Heller „Kaiserkopf im Torbogen“ für Versand ins Deutsche Reich. 1. Gewichtsstufe bis 50 gr., Tarifzone B. Stempeltypen 2/1- 3/4 sowie 5/1-5/2.
8 P	13.10.05	2 	3 Heller „Kaiserkopf im Torbogen“ für Versand ins Deutsche Reich. 1. Gewichtsstufe bis 50 gr., Tarifzone B. Stempeltypen 2/1- 3/4 sowie 5/1-5/2.
8 P	13.X.05	2 	3 Heller „Kaiserkopf im Torbogen“ für Versand ins Deutsche Reich. 1. Gewichtsstufe bis 50 gr., Tarifzone B. Stempeltypen 2/1- 3/4 sowie 5/1-5/2.
8 P	30.10.05	2 	3 Heller „Kaiserkopf im Torbogen“ für Versand ins Deutsche Reich. 1. Gewichtsstufe bis 50 gr., Tarifzone B. Stempeltypen 2/1- 3/4 sowie 5/1-5/2.
8 P	14.11.05	2 	3 Heller „Kaiserkopf im Torbogen“ für Versand ins Deutsche Reich. 1. Gewichtsstufe bis 50 gr., Tarifzone B. Stempeltypen 2/1- 3/4 sowie 5/1-5/2.
8 P	29.11.05	2 	Stempelvarianten 2/1- 3/4 sowie 5/1-5/2; letzter Verwendungstag all dieser Stempeltypen auf DÖAV-Streifbändern. Versand ins Deutsche Reich, Tarifzone B.
8 P	14.XII.05	2 	Ab jetzt kommen die neuen kleineren Doppelkreis- Stempeltypen 6/1- 7/2 bei der Abstempelung der DÖAV-Streifbänder zum Einsatz. Versand ins Deutsche Reich Tarifzone B.

8 P	30.XII.05	2 	3 Heller „Kaiserkopf im Torbogen“ für Versand ins Deutsche Reich. 1. Gewichtsstufe bis 50 gr., Tarifzone B. Stempeltypen 6/1- 7/2.

1906 Punkte	**Datum**	**Nummer Bild**	**Stempeltypen lt. Kap. 4.3.3. „Stempelkunde“, Sonstiges**
8 P	13.I.06	2 	3 Heller „Kaiserkopf im Torbogen“ für Versand ins Deutsche Reich. 1. Gewichtsstufe bis 50 gr., Tarifzone B. Stempeltypen 6/1- 7/2.
8 P	30.1.06	2 	3 Heller „Kaiserkopf im Torbogen“ für Versand ins Deutsche Reich. 1. Gewichtsstufe bis 50 gr., Tarifzone B. Stempeltypen 6/1- 7/2.
8 P	14.II.06	2 	3 Heller „Kaiserkopf im Torbogen“ für Versand ins Deutsche Reich. 1. Gewichtsstufe bis 50 gr., Tarifzone B. Stempeltypen 6/1- 7/2.
8 P	27.II.06	2 	3 Heller „Kaiserkopf im Torbogen“ für Versand ins Deutsche Reich. 1. Gewichtsstufe bis 50 gr., Tarifzone B. Stempeltypen 6/1- 7/2.
60 P	AK 01.03.06	1 	Inlands- Zeitungsstreifband 2 H hellgrün zur Verwendung in Tarifzone A innerhalb der k.u.k. Monarchie. Stempelung beim Empfängerpostamt. Verwendung in den Jahren 1904-1908.
8 P	30.III.06	2 	3 Heller „Kaiserkopf im Torbogen“ für Versand ins Deutsche Reich. 1. Gewichtsstufe bis 50 gr., Tarifzone B. Stempeltypen 6/1- 7/2.
8 P	14.IV.06	2 	3 Heller „Kaiserkopf im Torbogen“ für Versand ins Deutsche Reich. 1. Gewichtsstufe bis 50 gr., Tarifzone B. Stempeltypen 6/1- 7/2.

8 P	14.V.06	2 	3 Heller „Kaiserkopf im Torbogen“ für Versand ins Deutsche Reich. 1. Gewichtsstufe bis 50 gr., Tarifzone B. Stempeltypen 6/1- 7/2.
8 P	30.V.06	2 	3 Heller „Kaiserkopf im Torbogen“ für Versand ins Deutsche Reich. 1. Gewichtsstufe bis 50 gr., Tarifzone B. Stempeltypen 6/1- 7/2.
20 P in Tarifzone B 80 P in Tarifzone C	15.VI.06	3 	5 Heller „Kaiserkopf im Torbogen“ für Versand ins Deutsche Reich. 2. Gewichtsstufe 50- 100 gr., Tarifzone B. Stempeltypen 6/1- 7/2
60 P	19.VI.06	5 	**Ersttag** Streifband 5, 10 Heller rot im Türbogenmuster, vom 19.06.06-17.06.07 für Tarifzone C „Sonstiges Ausland“. 2. Gewichtsstufe 20- 40 Gramm. Stempeltypen 6/1- 7/2.
8 P	30.VI.06	2 	3 Heller „Kaiserkopf im Torbogen“ für Versand ins Deutsche Reich. 1. Gewichtsstufe bis 50 gr., Tarifzone B. Stempeltypen 6/1- 7/2.
8 P	12.VII.06	2 	3 Heller „Kaiserkopf im Torbogen“ für Versand ins Deutsche Reich. 1. Gewichtsstufe bis 50 gr., Tarifzone B. Stempeltypen 6/1- 7/2.
8 P	14.VII.06	2 	3 Heller „Kaiserkopf im Torbogen“ für Versand ins Deutsche Reich. 1. Gewichtsstufe bis 50 gr., Tarifzone B. Stempeltypen 6/1- 7/2.
60 P	AK 17.VII.06	1 	Inlands- Zeitungsstreifband 2 H hellgrün zur Verwendung in Tarifzone A innerhalb der k.u.k. Monarchie. Stempelung beim Empfängerpostamt. Verwendung in den Jahren 1904-1908.
8 P	30.VII.06	2 	3 Heller „Kaiserkopf im Torbogen“ für Versand ins Deutsche Reich. 1. Gewichtsstufe bis 50 gr., Tarifzone B. Stempeltypen 6/1- 7/2.

8 P	14.VIII.06	2 	3 Heller „Kaiserkopf im Torbogen“ für Versand ins Deutsche Reich. 1. Gewichtsstufe bis 50 gr., Tarifzone B. Stempeltypen 6/1- 7/2.
8 P	16.VIII.06	2 	3 Heller „Kaiserkopf im Torbogen“ für Versand ins Deutsche Reich. 1. Gewichtsstufe bis 50 gr., Tarifzone B. Stempeltypen 6/1- 7/2.
8 P	31.VIII.06	2 	3 Heller „Kaiserkopf im Torbogen“ für Versand ins Deutsche Reich. 1. Gewichtsstufe bis 50 gr., Tarifzone B. Stempeltypen 6/1- 7/2.
8 P	14.IX.06	2 	3 Heller „Kaiserkopf im Torbogen“ für Versand ins Deutsche Reich. 1. Gewichtsstufe bis 50 gr., Tarifzone B. Stempeltypen 6/1- 7/2.
20 P in Tarifzone B 80 P in Tarifzone C	29.IX.06	3 	**Letzttag** Verwendung der Nr. 3 (5 H schiefergrün im Türbogenmuster), in Verwendung 30.06.1904- 29.09.1906. Versand ins Deutsche Reich, 2. Gewichtsstufe, Stempeltypen 6/1- 7/2.
8 P	31.X.06	2 	3 Heller „Kaiserkopf im Torbogen“ für Versand ins Deutsche Reich. 1. Gewichtsstufe bis 50 gr., Tarifzone B. Stempeltypen 6/1- 7/2.
8 P	2.XI.06	2 	3 Heller „Kaiserkopf im Torbogen“ für Versand ins Deutsche Reich. 1. Gewichtsstufe bis 50 gr., Tarifzone B. Stempeltypen 6/1- 7/2.
8 P	14.XI.06	2 	3 Heller „Kaiserkopf im Torbogen“ für Versand ins Deutsche Reich. 1. Gewichtsstufe bis 50 gr., Tarifzone B. Stempeltypen 6/1- 7/2.
8 P	19.XI.06	2 	3 Heller „Kaiserkopf im Torbogen“ für Versand ins Deutsche Reich. 1. Gewichtsstufe bis 50 gr., Tarifzone B. Stempeltypen 6/1- 7/2.

8 P	20.XI.06	2 	3 Heller „Kaiserkopf im Torbogen“ für Versand ins Deutsche Reich. 1. Gewichtsstufe bis 50 gr., Tarifzone B. Stempeltypen 6/1- 7/2.
8 P	29.XI.06	2 	3 Heller „Kaiserkopf im Torbogen“ für Versand ins Deutsche Reich. 1. Gewichtsstufe bis 50 gr., Tarifzone B. Stempeltypen 6/1- 7/2.
8 P	9.XII.06	2 	3 Heller „Kaiserkopf im Torbogen“ für Versand ins Deutsche Reich. 1. Gewichtsstufe bis 50 gr., Tarifzone B. Stempeltypen 6/1- 7/2.
8 P	14.XII.06	2 	3 Heller „Kaiserkopf im Torbogen“ für Versand ins Deutsche Reich. 1. Gewichtsstufe bis 50 gr., Tarifzone B. Stempeltypen 6/1- 7/2.

1907 Punkte	**Datum**	**Nummer Bild**	**Stempeltypen lt. Kap. 4.3.3. „Stempelkunde“, Sonstiges**
8 P	14.I.07	2 	3 Heller „Kaiserkopf im Torbogen“ für Versand ins Deutsche Reich. 1. Gewichtsstufe bis 50 gr., Tarifzone B. Stempeltypen 6/1- 7/2.
8 P	17.I.07	2 	3 Heller „Kaiserkopf im Torbogen“ für Versand ins Deutsche Reich. 1. Gewichtsstufe bis 50 gr., Tarifzone B. Stempeltypen 6/1- 7/2.
20 P in Tarifzone B 80 P in Tarifzone C	17.I.07	4 	Erster Verwendungstag Farbänderung 5 Heller Kaiserkopf in grasgrün, verwendet vom 17.01.1907- 17.07.1908. Versand ins DR, 2. Gewichtsstufe von 50-100 gr.; Stempeltypen 6/1- 7/2.
8 P	30.I.07	2 	3 Heller „Kaiserkopf im Torbogen“ für Versand ins Deutsche Reich. 1. Gewichtsstufe bis 50 gr., Tarifzone B. Stempeltypen 6/1- 7/2.

8 P	14.II.07	2 	3 Heller „Kaiserkopf im Torbogen“ für Versand ins Deutsche Reich. 1. Gewichtsstufe bis 50 gr., Tarifzone B. Stempeltypen 6/1- 7/2.
8 P	27.II.07	2 	3 Heller „Kaiserkopf im Torbogen“ für Versand ins Deutsche Reich. 1. Gewichtsstufe bis 50 gr., Tarifzone B. Stempeltypen 6/1- 7/2.
8 P	14.III.07	2 	3 Heller „Kaiserkopf im Torbogen“ für Versand ins Deutsche Reich. 1. Gewichtsstufe bis 50 gr., Tarifzone B. Stempeltypen 6/1- 7/2.
20 P in Tarifzone B 80 P in Tarifzone C	30.III.07	4 	5 Heller- Streifband Versand in Tarifzone B, DR, 2. Gewichtsstufe 50-100 Gramm. Oder „Sonstiges Ausland“ Tarifzone C, 1. Gewichtsstufe bis 20 Gramm. Stempeltypen 6/1- 7/2.
20 P in Tarifzone B 80 P in Tarifzone C	2.IV.07	4 	5 Heller- Streifband Versand in Tarifzone B, DR, 2. Gewichtsstufe 50-100 Gramm. Oder „Sonstiges Ausland“ Tarifzone C, 1. Gewichtsstufe bis 20 Gramm. Stempeltypen 6/1- 7/2.
8 P	16.IV.07	2 	3 Heller „Kaiserkopf im Torbogen“ für Versand ins Deutsche Reich. 2. Gewichtsstufe bis 50 gr., Tarifzone B. Stempeltypen 6/1- 7/2.
8 P	29.IV.07	2 	Dieses Datum 29.IV.07 ist das letzte Datum an dem es keine DÖAV-Vorausentwertung **(„Letzttag“)** gibt. Stempeltypen 6/1- 7/2.

1907- 1910 DÖAV- Periode II vom 14.05.1907-30.03.1910 Vorausentwertung der Streifbandsendungen ins Deutsche Reich

Vorausentwertungen gibt es nur auf Streifbändern der Tarifgruppe B (Versand in das Deutsche Reich). In die Tarifdestinationen A (Inland k.u.k.- Monarchie) und C (Sonstiges Ausland) gibt es in dieser Portoperiode keine Vorausentwertungen!

6 P	14.V.07	2 	Letztverwendungstag der Stempeltypen 6/1- 6/2. Ab heute werden alle Sendungen in das Deutsche Reich (Tarifgruppe B) vorausentwertet. 3 Heller für Versand bis 50 Gramm ins Deutsche Reich.
6 P	21.5.07	2 	3 Heller „Kaiserkopf im Torbogen" für Versand mit Vorausentwertung ins Deutsche Reich. 1. Gewichtsstufe bis 50 gr., Tarifzone B.
20 P in Tarifzone B 80 P in Tarifzone C	21.V.07	4 	5 Heller „Kaiserkopf im Torbogen" bei Versand ins DR (Tarifzone B, 2. Gewichtsstufe 50- 100 gr.) stets mit Vorausentwertung, in „alle anderen Länder" (Tarifzone C, 1. Gewichtsstufe bis 20 gr.) keine Vorausentwertung! Stempeltypen 6/1- 7/2.
50 P	31.5.07	2 	Stempelung mit Vorausentwertungs-Versuchsstempel Nr. 8 mit UB *3a* (nur an diesem Tag verwendet!) ins DR. 1. Gewichtsstufe bis 50 gr., Tarifzone B.
80 P	31.V.07	2 	Stempeltyp 7/1. Dieser Stempel ist seltener als obiger Maschinenband-Versuchsstempel Nr. 8. Letzttag der Abstempelung der DÖAV- Streifbänder am PA Wien 60

Ab hier finden alle Vorausentwertungs- Stempelungen DÖAV beim Zeitungs- PA 101 (1150 Wien- Westbahnhof, Gasgasse 2) statt.

20 P in Tarifzone B 80 P in Tarifzone C	17.VI.07	4 	Streifband 4, bei Versand ins Deutsche Reich stets mit Vorausentwertung, in „alle anderen Länder" (1. Gewichtsstufe bis 20 gr., Tarifzone C) keine Vorausentwertung! Erstmalig erfolgt der Einsatz der neuen Stempeltypen 9/1- 9/3 und 11/1- 11/3.

60 P	17.VI.07	5 	**Letzttag** Streifband 5, 10 Heller rot im Türbogenmuster, in Verwendung für Tarifzone C „Sonstiges Ausland“, 2. Gewichtsstufe 20-40 Gramm vom 19.06.06-17.06.1907. Stempeltypen 6/1- 7/2. Keine Vorausentwertung für Tarifzone C!
6 P	1.VII.07	2 	3 Heller „Kaiserkopf im Torbogen“ für Versand mit Vorausentwertung ins DR. 1. Gewichtsstufe bis 50 gr., Tarifzone B. Stempeltypen 9/1- 9/3 und 11/1- 11/3.
6 P	15.VII.07	2 	3 Heller Versand mit Vorausentwertung ins DR. 1. Gewichtsstufe bis 50 gr., Tarifzone B. Stempeltypen 9/1- 9/3, 11/1-11/3 und 12/1- 12/3 (letztere kommen hier erstmalig zum Einsatz).
6 P	30.VII.07	2 	3 Heller „Kaiserkopf im Torbogen“ für Versand mit Vorausentwertung ins DR. 1. Gewichtsstufe bis 50 gr., Tarifzone B. Stempel 9/1- 9/3, 11/1- 11/3, 12/1- 12/3.
6 P	1. VII.07	2 	3 Heller „Kaiserkopf im Torbogen“ für Versand mit Vorausentwertung ins DR. 1. Gewichtsstufe bis 50 gr., Tarifzone B. Stempel 9/1- 9/3, 11/1- 11/3, 12/1- 12/3.
60 P	AK 01.08.07	1 	Inlands- Zeitungsstreifband 2 H hellgrün zur Verwendung in Tarifzone A innerhalb der k.u.k. Monarchie. Stempelung beim Empfängerpostamt. Verwendung in den Jahren 1904-1908.
6 P	14.VIII.07	2 	3 Heller „Kaiserkopf im Torbogen“ für Versand mit Vorausentwertung ins DR. 1. Gewichtsstufe bis 50 gr., Tarifzone B. Stempel 9/1- 9/3, 11/1- 11/3, 12/1- 12/3.
6 P	30.VIII.07	2 	3 Heller „Kaiserkopf im Torbogen“ für Versand mit Vorausentwertung ins DR. 1. Gewichtsstufe bis 50 gr., Tarifzone B. Stempel 9/1- 9/3, 11/1- 11/3, 12/1- 12/3.
6 P	30.IX.07	2 	3 Heller „Kaiserkopf im Torbogen“ für Versand mit Vorausentwertung ins DR. 1. Gewichtsstufe bis 50 gr., Tarifzone B. Stempel 9/1- 9/3, 11/1- 11/3, 12/1- 12/3.

6 P	30.X.07	2 	3 Heller „Kaiserkopf im Torbogen“ für Versand mit Vorausentwertung ins DR. 1. Gewichtsstufe bis 50 gr., Tarifzone B. Stempel 9/1- 9/3, 11/1- 11/3, 12/1- 12/3.
20 P in Tarifzone B 80 P in Tarifzone C	30.X.07	4 	Streifband 4, bei Versand ins Deutsche Reich stets mit Vorausentwertung, in „alle anderen Länder“ (1. Gewichtsstufe bis 20 gr., Tarifzone C) keine Vorausentwertung! Stempel 9/1- 9/3, 11/1- 11/3, 12/1- 12/3.
6 P	14.XI.07	2 	3 Heller „Kaiserkopf im Torbogen“ für Versand mit Vorausentwertung ins DR. 1. Gewichtsstufe bis 50 gr., Tarifzone B. Stempel 9/1- 9/3, 11/1- 11/3, 12/1- 12/3.
6 P	29.XI.07	2 	3 Heller „Kaiserkopf im Torbogen“ für Versand mit Vorausentwertung ins DR. 1. Gewichtsstufe bis 50 gr., Tarifzone B. Stempel 9/1- 9/3, 11/1- 11/3, 12/1- 12/3.
6 P	14.XII.07	2 	3 Heller „Kaiserkopf im Torbogen“ für Versand mit Vorausentwertung ins DR. 1. Gewichtsstufe bis 50 gr., Tarifzone B. Stempel 9/1- 9/3, 11/1- 11/3, 12/1- 12/3.
20 P in Tarifzone B 80 P in Tarifzone C	16.XII.07	4 	Streifband 4, bei Versand ins Deutsche Reich stets mit Vorausentwertung, in „alle anderen Länder“ (1. Gewichtsstufe bis 20 gr., Tarifzone C) keine Vorausentwertung! Stempel 9/1- 9/3, 11/1- 11/3, 12/1- 12/3.
6 P	31.XII.07	2 	3 Heller „Kaiserkopf im Torbogen“ für Versand mit Vorausentwertung ins DR. 1. Gewichtsstufe bis 50 gr., Tarifzone B. Stempel 9/1- 9/3, 11/1- 11/3, 12/1- 12/3.

1908 Punkte	Datum	Nummer Bild	Stempeltypen lt. Kap. 4.3.3. „Stempelkunde“, Sonstiges
6 P	13.I.08	2 	3 Heller „Kaiserkopf im Torbogen“ für Versand mit Vorausentwertung ins DR. 1. Gewichtsstufe bis 50 gr., Tarifzone B. Stempel 9/1- 9/3, 11/1- 11/3, 12/1- 12/3.
6 P	14.I.08	2 	3 Heller „Kaiserkopf im Torbogen“ für Versand mit Vorausentwertung ins DR. 1. Gewichtsstufe bis 50 gr., Tarifzone B. Stempel 9/1- 9/3, 11/1- 11/3, 12/1- 12/3.
60 P	AK 18.01.08	1 	Inlands- Zeitungsstreifband 2 H hellgrün zur Verwendung in Tarifzone A innerhalb der k.u.k. Monarchie. Stempelung beim Empfängerpostamt.
6 P	15.II.08	2 	3 Heller „Kaiserkopf im Torbogen“ für Versand mit Vorausentwertung ins DR. 1. Gewichtsstufe bis 50 gr., Tarifzone B. Stempel 9/1- 9/3, 11/1- 11/3, 12/1- 12/3.
20 P in Tarifzone B 80 P in Tarifzone C	17.II.08	4 	Streifband 4, bei Versand ins Deutsche Reich stets mit Vorausentwertung, in „alle anderen Länder“ (1. Gewichtsstufe bis 20 gr., Tarifzone C) keine Vorausentwertung! Stempeltypen 9/1- 9/3, 11/1- 11/3, 12/1- 12/3
6 P	29.II.08	2 	3 Heller „Kaiserkopf im Torbogen“ für Versand mit Vorausentwertung ins DR. 1. Gewichtsstufe bis 50 gr., Tarifzone B. Stempel 9/1- 9/3, 11/1- 11/3, 12/1- 12/3.
6 P	14.III.08	2 	3 Heller „Kaiserkopf im Torbogen“ für Versand mit Vorausentwertung ins DR. 1. Gewichtsstufe bis 50 gr., Tarifzone B. Stempel 9/1- 9/3, 11/1- 11/3, 12/1- 12/3.
6 P	24.III.08	2 	3 Heller „Kaiserkopf im Torbogen“ für Versand mit Vorausentwertung ins DR. 1. Gewichtsstufe bis 50 gr., Tarifzone B. Stempel 9/1- 9/3, 11/1- 11/3, 12/1- 12/3.

6 P	30.III.08	2 	3 Heller „Kaiserkopf im Torbogen“ für Versand mit Vorausentwertung ins DR. 1. Gewichtsstufe bis 50 gr., Tarifzone B. Stempel 9/1- 9/3, 11/1- 11/3, 12/1- 12/3.
6 P	15.IV.08	2 	3 Heller „Kaiserkopf im Torbogen“ für Versand mit Vorausentwertung ins DR. 1. Gewichtsstufe bis 50 gr., Tarifzone B. Stempel 9/1- 9/3, 11/1- 11/3, 12/1- 12/3.
6 P	29.IV.08	2 	3 Heller „Kaiserkopf im Torbogen“ für Versand mit Vorausentwertung ins DR. 1. Gewichtsstufe bis 50 gr., Tarifzone B. Stempel 9/1- 9/3, 11/1- 11/3, 12/1- 12/3.
6 P	10.V.08	2 	3 Heller „Kaiserkopf im Torbogen“ für Versand mit Vorausentwertung ins DR. 1. Gewichtsstufe bis 50 gr., Tarifzone B. Stempel 9/1- 9/3, 11/1- 11/3, 12/1- 12/3.
6 P	15.V.08	2 	Abbildung dieser Schleife im Kapitel 9.2. „Abbildungen Studie Aufdruckfehler“ Stempel 9/1- 9/3, 11/1- 11/3, 12/1- 12/3. Letzttag der Stempel 12/1-12/3.
6 P	30.V.08	2 	3 Heller „Kaiserkopf im Torbogen“ für Versand mit Vorausentwertung ins DR. 1. Gewichtsstufe bis 50 gr., Tarifzone B. Stempeltypen 9/1- 9/3, 11/1- 11/3.
20 P in Tarifzone B 80 P in Tarifzone C	15.VI.08	4 	5 Heller „Kaiserkopf im Torbogen“ für den Versand ins DR (Tarifzone B, 2. Gewichtsstufe 50- 100 gr.) stets mit Vorausentwertung. In „alle anderen Länder“ der Tarifzone C keine Vorausentwertung (1. Gewichtsstufe bis 20 gr.) Stempeltypen 9/1- 9/3, 11/1- 11/3
20 P in Tarifzone B 80 P in Tarifzone C	17.VI.08	4 	5 Heller „Kaiserkopf im Torbogen“ für den Versand ins DR (Tarifzone B, 2. Gewichtsstufe 50- 100 gr.) stets mit Vorausentwertung. In „alle anderen Länder“ der Tarifzone C keine Vorausentwertung (1. Gewichtsstufe bis 20 gr.) Stempeltypen 9/1- 9/3, 11/1- 11/3
6 P	30.VI.08	2 	3 Heller „Kaiserkopf im Torbogen“ für Versand mit Vorausentwertung ins DR. 1. Gewichtsstufe bis 50 gr., Tarifzone B. Stempeltypen 9/1- 9/3, 11/1- 11/3.

60 P	AK 03.07.08	1 	Inlands- Zeitungsstreifband 2 H hellgrün zur Verwendung in Tarifzone A innerhalb der k.u.k. Monarchie. Stempelung beim Empfängerpostamt.
6 P	15.VII.08	2 	3 Heller „Kaiserkopf im Torbogen“ für Versand mit Vorausentwertung ins DR. Stempeltypen 9/1- 9/3, 11/1- 11/3. <u>Letzttag der Stempeltypen 11/1- 11/3.</u>
6 P	16.VII.08	2 	3 Heller „Kaiserkopf im Torbogen“ für Versand mit Vorausentwertung ins DR. 1. Gewichtsstufe bis 50 gr., Tarifzone B. Stempeltypen 9/1- 9/3.
20 P in Tarifzone B 80 P in Tarifzone C	17.VII.08	4 	**Letzttag** der Verwendung von Streifband 4 welches seit dem 17.01.1907 in Verwendung gestanden ist. Eine Abbildung mit der RRR-Destination Kiautschou siehe Kapitel 8.1. DR Übersee Kiautschou. Stempeltypen 9/1- 9/3.
6 P	18.VII.08	2 	3 Heller „Kaiserkopf im Torbogen“ für Versand mit Vorausentwertung ins DR. 1. Gewichtsstufe bis 50 gr., Tarifzone B. Stempeltypen 9/1- 9/3.
6 P	31.VII.08	2 	3 Heller „Kaiserkopf im Torbogen“ für Versand mit Vorausentwertung ins DR. 1. Gewichtsstufe bis 50 gr., Tarifzone B. Stempeltypen 9/1- 9/3.
6 P	14.VIII.08	2 	3 Heller „Kaiserkopf im Torbogen“ für Versand mit Vorausentwertung ins DR. 1. Gewichtsstufe bis 50 gr., Tarifzone B. Stempeltypen 9/1- 9/3.
6 P	31.VIII.08	2 	3 Heller „Kaiserkopf im Torbogen“ für Versand mit Vorausentwertung ins DR. 1. Gewichtsstufe bis 50 gr., Tarifzone B. Stempeltypen 9/1- 9/3.
6 P	14.IX.08	2 	3 Heller „Kaiserkopf im Torbogen“ für Versand mit Vorausentwertung ins DR. 1. Gewichtsstufe bis 50 gr., Tarifzone B. Stempeltypen 9/1- 9/3.

6 P	16.IX.08	2 	3 Heller „Kaiserkopf im Torbogen“ für Versand mit Vorausentwertung ins DR. 1. Gewichtsstufe bis 50 gr., Tarifzone B. Stempeltypen 9/1- 9/3.
12 P	29.IX.08	2 	**Letzttag** des Streifbands 3 mit 3 Heller-Wertstempel „Kaiserkopf im Torbogen“ der vom 18.02.1903- 29.09.1908 in Verwendung war. Stempeltypen 9/1- 9/3.
12 P	14.X.08	6 	**Ersttag**: Erster Verwendungstag des neuen Streifbands Nr. 6. 3 Heller „Kaiser 1908“ für Versand mit Vorausentwertung ins DR. 1. Gewichtsstufe bis 50 gr., Tarifzone B. Stempeltypen 9/1- 9/3.
6 P	15.X.08	6 	3 Heller KFJ violett, Vorausentwertung ins Deutsche Reich. 1. Gewichtsstufe bis 50 gr., Tarifzone B. Stempeltypen 9/1- 9/3.
6 P	31.X.08	6 	3 Heller KFJ violett, Vorausentwertung ins Deutsche Reich. 1. Gewichtsstufe bis 50 gr., Tarifzone B. Stempeltypen 9/1- 9/3.
6 P	14.XI.08	6 	3 Heller KFJ violett, Vorausentwertung ins Deutsche Reich. 1. Gewichtsstufe bis 50 gr., Tarifzone B. Stempeltypen 9/1- 9/3.
6 P	16.XI.08	6 	3 Heller KFJ violett, Vorausentwertung ins Deutsche Reich. 1. Gewichtsstufe bis 50 gr., Tarifzone B. Stempeltypen 9/1- 9/3.
6 P	30.XI.08	6 	3 Heller KFJ violett, Vorausentwertung, 1. Gewichtsstufe bis 50 gr., Tarifzone B. Stempeltypen 9/1- 9/3, erstmalig kommen auch die Stempel 10/1- 10/3 zum Einsatz.
6 P	13.XII.08	6 	3 Heller KFJ violett, Vorausentwertung ins Deutsche Reich. 1. Gewichtsstufe bis 50 gr., Tarifzone B. Stempeltypen 9/1- 10/3.

6 P	16.XII.08	6 	3 Heller KFJ violett, Vorausentwertung ins Deutsche Reich. 1. Gewichtsstufe bis 50 gr., Tarifzone B. Stempeltypen 9/1- 10/3.
6 P	31.XII.08	6 	3 Heller KFJ violett, Vorausentwertung ins Deutsche Reich. 1. Gewichtsstufe bis 50 gr., Tarifzone B. Stempeltypen 9/1- 10/3.
40 P	AK 31.12.08	9 	Inlands- Zeitungsstreifband 2 H blaugrün zur Verwendung in Tarifzone A innerhalb der k.u.k. Monarchie. Stempelung beim Empfängerpostamt. Verwendet 1908-09.

1909 Punkte	**Datum**	**Nummer Bild**	**Stempeltypen lt. Kap. 4.3.3. „Stempelkunde", Sonstiges**
6 P	2.I.09	6 	3 Heller KFJ violett, Vorausentwertung ins Deutsche Reich, 1. Gewichtsstufe bis 50 gr., Tarifzone B. Stempeltypen 9/1- 10/3.
6 P	15.I.09	6 	Vorausentwertung ins Deutsche Reich, 1. Gewichtsstufe bis 50 gr., Tarifzone B. Abbildung Kapitel 9.3. „Nachgesendete Zeitungsschleifen". Stempel 9/1- 10/3.
6 P	16.I.09	6 	3 Heller KFJ violett, Vorausentwertung ins Deutsche Reich, 1. Gewichtsstufe bis 50 gr., Tarifzone B. Stempeltypen 9/1- 10/3.
6 P	30.I.09	6 	3 Heller KFJ violett, Vorausentwertung ins Deutsche Reich, 1. Gewichtsstufe bis 50 gr., Tarifzone B. Stempeltypen 9/1- 10/3.
6 P	15.II.09	6 	3 Heller KFJ violett, Vorausentwertung ins Deutsche Reich, 1. Gewichtsstufe bis 50 gr., Tarifzone B. Stempeltypen 9/1- 10/3.

40 Punkte	AK 23.02.09	9 	Inlands- Zeitungsstreifband 2 H blaugrün zur Verwendung in Tarifzone A innerhalb der k.u.k. Monarchie. Stempelung beim Empfängerpostamt. Verwendet 1908-09.
6 P	1.III.09	6 	Vorausentwertung ins Deutsche Reich, Tarifzone B. Eine Abbildung dieser Schleife mit Zusatzfrankatur für 2. Gewichtsstufe siehe im Kapitel 5.4.1 „Zusatzfrankaturen mit Freimarken“. Stempeltypen 9/1- 10/3.
40 P in Tarifzone B 40 P in Tarifzone C	3.III.09	7 	**Ersttag** Streifband 7, 5 Heller KFJ grün. Bei Versand ins DR (2. Gewichtsstufe, 50-100 gr.) stets mit Vorausentwertung. In „alle anderen Länder“ (1. Gewichtsstufe bis 20 gr., Tarifzone C) keine Vorausentwertung! Stempeltypen 9/1- 10/3.
6 P	15.III.09	6 	3 Heller KFJ violett, Vorausentwertung ins Deutsche Reich, 1. Gewichtsstufe bis 50 gr., Tarifzone B. Stempeltypen 9/1- 10/3.
6 P	21.III.09	6 	3 Heller KFJ violett, Vorausentwertung ins Deutsche Reich, 1. Gewichtsstufe bis 50 gr., Tarifzone B. Stempeltypen 9/1- 10/3.
6 P	31.III.09	6 	3 Heller KFJ violett, Vorausentwertung ins Deutsche Reich, 1. Gewichtsstufe bis 50 gr., Tarifzone B. Stempeltypen 9/1- 10/3.
20 P in Tarifzone B 40 P in Tarifzone C	2.IV.09	7 	5 Heller KFJ grün, bei Versand ins DR (Tarifzone B, 2. Gewichtsstufe 50- 100 gr.) mit Vorausentwertung, in „alle anderen Länder“ (Tarifzone C, 1. Gewichtsstufe bis 20 gr.) keine Vorausentwertung! Stempeltypen 9/1- 10/3.
6 P	15.IV.09	6 	3 Heller KFJ violett, Vorausentwertung ins Deutsche Reich, 1. Gewichtsstufe bis 50 gr., Tarifzone B. Stempeltypen 9/1- 10/3.
6 P	30.IV.09	6 	3 Heller KFJ violett, Vorausentwertung ins Deutsche Reich, 1. Gewichtsstufe bis 50 gr., Tarifzone B. Stempeltypen 9/1- 10/3.

6 P	15.V.09	6 	3 Heller KFJ violett, Vorausentwertung ins Deutsche Reich, 1. Gewichtsstufe bis 50 gr., Tarifzone B. Stempeltypen 9/1- 10/3.
6 P	29.V.09	6 	3 Heller KFJ violett, Vorausentwertung ins Deutsche Reich, 1. Gewichtsstufe bis 50 gr., Tarifzone B. Stempeltypen 9/1- 10/3.
6 P	15.VI.09	6 	3 Heller KFJ violett, Vorausentwertung ins Deutsche Reich, 1. Gewichtsstufe bis 50 gr., Tarifzone B. Stempeltypen 9/1- 10/3.
6 P	30.VI.09	6 	3 Heller KFJ violett, Vorausentwertung ins Deutsche Reich, 1. Gewichtsstufe bis 50 gr., Tarifzone B. Stempeltypen 9/1- 10/3.
20 P in Tarifzone B 40 P in Tarifzone C	30.VI.09	7 	5 Heller KFJ grün, bei Versand ins DR (Tarifzone B, 2. Gewichtsstufe 50- 100 gr.) mit Vorausentwertung, in „alle anderen Länder“ (Tarifzone C, 1. Gewichtsstufe bis 20 gr.) keine Vorausentwertung! Stempeltypen 9/1- 10/3.
250 P	3.VII.09	8 	Einmalig nur an diesem Tag verwendet: 10 H KFJ 1908 für Versand in die Tarifzone C „Sonstiges Ausland“ 2. Gewichtsstufe (20- 40 Gramm). Stempeltypen 9/1- 10/3.
6 P	14.VII.09	6 	3 Heller KFJ violett, Vorausentwertung ins Deutsche Reich, 1. Gewichtsstufe bis 50 gr., Tarifzone B. Stempeltypen 9/1- 10/3.
6 P	30.VII.09	6 	3 Heller KFJ violett, Vorausentwertung ins Deutsche Reich, 1. Gewichtsstufe bis 50 gr., Tarifzone B. Stempeltypen 9/1- 10/3.
6 P	31.VII.09	6 	3 Heller KFJ violett, Vorausentwertung ins Deutsche Reich, 1. Gewichtsstufe bis 50 gr., Tarifzone B. Stempeltypen 9/1- 10/3.

6 P	05.VIII.09	6 	3 Heller KFJ violett, Vorausentwertung ins Deutsche Reich, 1. Gewichtsstufe bis 50 gr., Tarifzone B. Stempeltypen 9/1- 10/3.
6 P	15.VIII.09	6 	3 Heller KFJ violett, Vorausentwertung ins Deutsche Reich, 1. Gewichtsstufe bis 50 gr., Tarifzone B. Stempeltypen 9/1- 10/3.
6 P	31.VIII.09	6 	3 Heller KFJ violett, Vorausentwertung ins Deutsche Reich, 1. Gewichtsstufe bis 50 gr., Tarifzone B. Stempeltypen 9/1- 10/3.
6 P	15.IX.09	6 	3 Heller KFJ violett, Vorausentwertung ins Deutsche Reich, 1. Gewichtsstufe bis 50 gr., Tarifzone B. Stempeltypen 9/1- 10/3.
20 P in Tarifzone B 40 P in Tarifzone C	17.IX.09	7 	5 Heller KFJ grün, bei Versand ins DR (Tarifzone B, 2. Gewichtsstufe 50- 100 gr.) mit Vorausentwertung, in „alle anderen Länder“ (Tarifzone C, 1. Gewichtsstufe bis 20 gr.) keine Vorausentwertung! Stempeltypen 9/1- 10/3.
6 P	30.IX.09	6 	3 Heller KFJ violett, Vorausentwertung ins Deutsche Reich, 1. Gewichtsstufe bis 50 gr., Tarifzone B. Stempeltypen 9/1- 10/3.
20 P in Tarifzone B 40 P in Tarifzone C	30.9.09	7 	**Letztag**. Letzter Verwendungstag dieses Streifbands 7 ohne Buchdruck-Vorausentwertung. Ersttag war der 03.03.1909. Stempeltypen 9/1- 10/3.
40 P	AK 3.X.09	9 	Inlands- Zeitungsstreifband 2 H blaugrün zur Verwendung in Tarifzone A innerhalb der k.u.k. Monarchie. Stempelung beim Empfängerpostamt. Verwendung in den Jahren 1908- 1909. Keine Vorausentwertung.
6 P	14.X.09	6 	3 Heller KFJ violett, Vorausentwertung ins Deutsche Reich, 1. Gewichtsstufe bis 50 gr., Tarifzone B. Stempeltypen 9/1- 10/3.

40 P	AK 18.X.09	9 	Inlands- Zeitungsstreifband 2 H blaugrün zur Verwendung in Tarifzone A innerhalb der k.u.k. Monarchie. Stempelung beim Empfängerpostamt. Verwendung in den Jahren 1908- 1909. Keine Vorausentwertung.
6 P	15.X.09	6 	3 Heller KFJ violett, Vorausentwertung ins Deutsche Reich, 1. Gewichtsstufe bis 50 gr., Tarifzone B. Stempeltypen 9/1- 10/3.
6 P	30.X.09	6 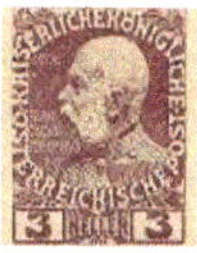	3 Heller KFJ violett, Vorausentwertung ins Deutsche Reich, 1. Gewichtsstufe bis 50 gr., Tarifzone B. Stempeltypen 9/1- 10/3.
6 P	6.XI.09	6 	3 Heller KFJ violett, Vorausentwertung ins Deutsche Reich, 1. Gewichtsstufe bis 50 gr., Tarifzone B. Stempeltypen 9/1- 10/3.
6 P	14.XI.09	6 	3 Heller KFJ violett, Vorausentwertung ins Deutsche Reich, 1. Gewichtsstufe bis 50 gr., Tarifzone B. Stempeltypen 9/1- 10/3.
6 P	15.XI.09	6 	3 Heller KFJ violett, Vorausentwertung ins Deutsche Reich, 1. Gewichtsstufe bis 50 gr., Tarifzone B. Stempeltypen 9/1- 10/3.
6 P	30.XI.09	6 	3 Heller KFJ violett, Vorausentwertung ins Deutsche Reich, 1. Gewichtsstufe bis 50 gr., Tarifzone B. Stempeltypen 9/1- 10/3.
6 P	15.XII.09	6 	3 Heller KFJ violett, Vorausentwertung ins Deutsche Reich, 1. Gewichtsstufe bis 50 gr., Tarifzone B. Stempeltypen 9/1- 10/3.
6 P	31.XII.09	6 	3 Heller KFJ violett, Vorausentwertung ins Deutsche Reich, 1. Gewichtsstufe bis 50 gr., Tarifzone B. Letzttag der Stempeltypen 9/1- 9/3.

1910 Punkte	Datum	Nummer Bild	Stempeltypen lt. Kap. 4.3.3. „Stempelkunde“, Sonstiges
6 P	15.I.10	6 	3 Heller KFJ violett, Vorausentwertung ins Deutsche Reich, 1. Gewichtsstufe bis 50 gr., Tarifzone B. Stempeltypen 10/1- 10/3.
6 P	31.I.10	6 	3 Heller KFJ violett, Vorausentwertung ins Deutsche Reich, 1. Gewichtsstufe bis 50 gr., Tarifzone B. Stempeltypen 10/1- 10/3.
6 P	15.II.10	6 	3 Heller KFJ violett, Vorausentwertung ins Deutsche Reich, 1. Gewichtsstufe bis 50 gr., Tarifzone B. Stempeltypen 10/1- 10/3.
6 P	23.II.10	6 	3 Heller KFJ violett, Vorausentwertung ins Deutsche Reich, 1. Gewichtsstufe bis 50 gr., Tarifzone B. Stempeltypen 10/1- 10/3.
6 P	28.II.10	6 	3 Heller KFJ violett, Vorausentwertung ins Deutsche Reich, 1. Gewichtsstufe bis 50 gr., Tarifzone B. Stempeltypen 10/1- 10/3.
6 P	15.III.10	6 	3 Heller KFJ violett, Vorausentwertung ins Deutsche Reich, 1. Gewichtsstufe bis 50 gr., Tarifzone B. Stempeltypen 10/1- 10/3.
12 P	16.III.10	6 	**Letzttag**. Letztverwendung dieses Klischees ohne Buchdruck-Vorausentwertung. Streifband 6 stand vom 14.10.1908 bis 16.03.1910 in Verwendung. Stempeltypen 10/1- 10/3.

1910- 1919 DÖAV- Periode III vom 31.03.1910- 30.11.1919 Buchdruck- Vorausentwertung in alle Tarifzonen

Es wird ein von der Originalzeichnung abweichender Probedruck einer neuen Buchdruck-Vorausentwertung behauptet den es angeblich nur in einem einzigen Exemplar geben soll. Da die Umstände nicht geklärt und der Druck dem Verfasser weder im Original noch als autorisierte Abbildung vorliegt bleibt die unbelegte Ausgabe mit Fragezeichen versehen.

1910 Punkte	Datum	Nummer Bild	Stempeltyp: Buchdruck-Vorausentwertung, Sonstiges
80 P	Ende März 1910 Symbolabb.	14 	**Ersttag** Streifband 14: 2 Heller kleiner Merkur nach rechts, Buchdruck-Vorausentwertung für Inlandsversand der Tarifzone A. Verwendung Ende März 1910- Ende September 1916
8 P	Ende März 1910	9a 	**Ersttag** der Nr. 9a mit Bdr-Vorausentwertung. Dieses 3 Heller-Streifband Jubiläumsausgabe 1908 für den Versand in das Deutsche Reich, Tarifzone B, wird bis Ende September 1916 in Umlauf sein. 1. Gewichtsstufe bis 50 Gramm.
8 P in Tarifzone B 40 P in Tarifzone C	Ende März 1910	10a 	**Ersttag** dieses Streifbands 10a mit 5 Heller Vorausentwertung zum Versand in das Deutsche Reich, Tarifzone B, 2. Gewichtsstufe 50-100 Gramm. Oder „Sonstiges Ausland“ Tarifzone C, 1. Gewichtsstufe bis 20 Gramm.
40 P	Mitte April 1910 Symbolabb.	14 	Zeitungsmarkeneindruck 2 Heller blaugrün (nur für Inlandsversand, Tarifzone A)
4 P	Mitte April 1910	9a 	3 Heller-Streifband Jubiläumsausgabe 1908 für den Versand in das Deutsche Reich, Tarifzone B, 1. Gewichtsstufe bis 50 Gramm.
4 P in Tarifzone B 20 P in Tarifzone C	Mitte April 1910 Symbolabb.	10a 	Das 5 H-Streifband wird zumeist in das Deutsche Reich DR verschickt (2. Gewichtsstufe 50- 100 Gramm, Tarifzone B). Oder in die Tarifzone C, 1. Gewichtsstufe von 20-40 gr.).

40 P	Ende April 1910 Symbolabb.	14 	Zeitungsmarkeneindruck 2 Heller blaugrün (nur für Inlandsversand, Tarifzone A)
4 P	Ende April 1910	9a 	3 Heller-Streifband Jubiläumsausgabe 1908 für den Versand in das Deutsche Reich, Tarifzone B, 1. Gewichtsstufe bis 50 Gramm.
4 P in Tarifzone B 20 P in Tarifzone C	Ende April 1910 Symbolabb.	10a 	Das 5 H-Streifband wird zumeist in das Deutsche Reich DR verschickt (2. Gewichtsstufe 50- 100 Gramm, Tarifzone B). Oder in die Tarifzone C, 1. Gewichtsstufe von 20-40 gr.).
40 P	Mitte Mai 1910 Symbolabb.	14 	Zeitungsmarkeneindruck 2 Heller blaugrün (nur für Inlandsversand, Tarifzone A)
4 P	Mitte Mai 1910	9a 	3 Heller-Streifband Jubiläumsausgabe 1908 für den Versand in das Deutsche Reich, Tarifzone B, 1. Gewichtsstufe bis 50 Gramm.
4 P in Tarifzone B 20 P in Tarifzone C	Mitte Mai 1910 Symbolabb.	10a 	Das 5 H-Streifband wird zumeist in das Deutsche Reich DR verschickt (2. Gewichtsstufe 50- 100 Gramm, Tarifzone B). Oder in die Tarifzone C, 1. Gewichtsstufe von 20-40 gr.).
160 P	Mitte Mai 1910	11a 	**Ersttag** Streifband 10 Heller rot mit dem zweiteiligem Buchdruck- Aufdruck (Rahmen+ Gültigkeitsdatum „Mitte Monat" oder „Ende Monat"). Für Streifband 2. Gewichtsstufe (20-40 Gr.) in die Tarifzone C „Ganze Welt"
40 P	Ende Mai 1910 Symbolabb.	14 	Zeitungsmarkeneindruck 2 Heller blaugrün (nur für Inlandsversand, Tarifzone A)
4 P	Ende Mai 1910	9a 	3 Heller-Streifband Jubiläumsausgabe 1908 für den Versand in das Deutsche Reich, Tarifzone B, 1. Gewichtsstufe bis 50 Gramm.

4 P in Tarifzone B 20 P in Tarifzone C	Ende Mai 1910	10a 	Das 5 H-Streifband wird zumeist in das Deutsche Reich DR verschickt. Oder in die Tarifzone C, 1. Gewichtsstufe von 20-40 gr. Abbildung dieses Streifbands in die Tarifzone C (Schweiz) gelaufen s. 8.3. „Destinationen“.
40 P	Mitte Juni 1910	14 	Inlandsstreifband zur Verwendung innerhalb der k.u.k.- Monarchie, Tarifgruppe A. Dieses Streifband nach Ungarn gelaufen ist im Kapitel 8.2.1. „Destinationen“ abgebildet.
4 P	Mitte Juni 1910	9a 	Anm. „Ende Juni“ fällt dieser Wert aus da dann eine schwerere Sendung (2. Gewichtsstufe 50-100 Gramm) den 5 Heller- Wert erfordert.
40 P	Ende Juni 1910	14 	Zeitungsmarkeneindruck 2 Heller blaugrün (nur für Inlandsversand, Tarifzone A)
4 P in Tarifzone B 20 P in Tarifzone C	Ende Juni 1910	10a 	Das 5 H-Streifband wird zumeist in das Deutsche Reich DR verschickt (2. Gewichtsstufe 50- 100 Gramm, Tarifzone B). Oder in die Tarifzone C, 1. Gewichtsstufe von 20-40 gr.).
80 P	Ende Juni 1910	11a 	Streifband 10 Heller rot mit dem zweiteiligem Buchdruck- Aufdruck (Rahmen+ Gültigkeitsdatum „Mitte Monat“ oder „Ende Monat“). Für Streifband 2. Gewichtsstufe (20-40 Gr.) in die Tarifzone C „Ganze Welt“
40 P	Mitte Juli 1910 Symbolabb.	14 	Zeitungsmarkeneindruck 2 Heller blaugrün (nur für Inlandsversand, Tarifzone A)
4 P	Mitte Juli 1910	9a 	3 Heller-Streifband Jubiläumsausgabe 1908 für den Versand in das Deutsche Reich, Tarifzone B, 1. Gewichtsstufe bis 50 Gramm.
40 P	Ende Juli 1910 Symbolabb.	14 	Zeitungsmarkeneindruck 2 Heller blaugrün (nur für Inlandsversand, Tarifzone A)

4 P	Ende Juli 1910	9a 	3 Heller-Streifband Jubiläumsausgabe 1908 für den Versand in das Deutsche Reich, Tarifzone B, 1. Gewichtsstufe bis 50 Gramm.
40 P	Mitte August 1910 Symbolabb.	14 	Zeitungsmarkeneindruck 2 Heller blaugrün (nur für Inlandsversand, Tarifzone A)
4 P	Mitte August 1910	9a 	3 Heller-Streifband Jubiläumsausgabe 1908 für den Versand in das Deutsche Reich, Tarifzone B, 1. Gewichtsstufe bis 50 Gramm.
40 P	Ende August 1910 Symbolabb.	14 	Zeitungsmarkeneindruck 2 Heller blaugrün (nur für Inlandsversand, Tarifzone A)
4 P	Ende August 1910	9a 	3 Heller-Streifband Jubiläumsausgabe 1908 für den Versand in das Deutsche Reich, Tarifzone B, 1. Gewichtsstufe bis 50 Gramm.
40 P	Mitte September 1910 Symbolabb.	14 	Zeitungsmarkeneindruck 2 Heller blaugrün (nur für Inlandsversand, Tarifzone A)
4 P	Mitte September 1910	9a 	3 Heller-Streifband Jubiläumsausgabe 1908 für den Versand in das Deutsche Reich, Tarifzone B, 1. Gewichtsstufe bis 50 Gramm.
40 P	Ende September 1910 Symbolabb.	14 	Zeitungsmarkeneindruck 2 Heller blaugrün (nur für Inlandsversand, Tarifzone A)
4 P	Ende September 1910	9a 	3 Heller-Streifband Jubiläumsausgabe 1908 für den Versand in das Deutsche Reich, Tarifzone B, 1. Gewichtsstufe bis 50 Gramm.

40 P	Mitte Oktober 1910 Symbolabb.	14 	Zeitungsmarkeneindruck 2 Heller blaugrün (nur für Inlandsversand, Tarifzone A)
4 P	Mitte Oktober 1910	9a 	3 Heller-Streifband Jubiläumsausgabe 1908 für den Versand in das Deutsche Reich, Tarifzone B, 1. Gewichtsstufe bis 50 Gramm.
4 P in Tarifzone B 20 P in Tarifzone C	Mitte Oktober 1910	10a 	Das 5 H-Streifband wird zumeist in das Deutsche Reich DR verschickt (2. Gewichtsstufe 50- 100 Gramm, Tarifzone B). Oder in die Tarifzone C, 1. Gewichtsstufe von 20-40 gr.).
40 P	Ende Oktober 1910 Symbolabb.	14 	Zeitungsmarkeneindruck 2 Heller blaugrün (nur für Inlandsversand, Tarifzone A)
4 P	Ende Oktober 1910	9a 	3 Heller-Streifband Jubiläumsausgabe 1908 für den Versand in das Deutsche Reich, Tarifzone B, 1. Gewichtsstufe bis 50 Gramm.
4 P in Tarifzone B 20 P in Tarifzone C	Ende Oktober 1910	10a 	Das 5 H-Streifband wird zumeist in das Deutsche Reich DR verschickt (2. Gewichtsstufe 50- 100 Gramm, Tarifzone B). Oder in die Tarifzone C, 1. Gewichtsstufe von 20-40 gr.).
40 P	Mitte November 1910 Symbolabb.	14 	Zeitungsmarkeneindruck 2 Heller blaugrün (nur für Inlandsversand, Tarifzone A)
4 P	Mitte November 1910	9a 	3 Heller-Streifband Jubiläumsausgabe 1908 für den Versand in das Deutsche Reich, Tarifzone B, 1. Gewichtsstufe bis 50 Gramm.
40 P	Ende November 1910 Symbolabb.	14 	Zeitungsmarkeneindruck 2 Heller blaugrün (nur für Inlandsversand, Tarifzone A)

4 P — Ende November 1910

9a

3 Heller-Streifband Jubiläumsausgabe 1908 für den Versand in das Deutsche Reich, Tarifzone B,
1. Gewichtsstufe bis 50 Gramm.

40 P — Mitte Dezember 1910
Symbolabb.

14

Zeitungsmarkeneindruck 2 Heller blaugrün (nur für Inlandsversand, Tarifzone A)

4 P — Mitte Dezember 1910

9a

3 Heller-Streifband Jubiläumsausgabe 1908 für den Versand in das Deutsche Reich, Tarifzone B,
1. Gewichtsstufe bis 50 Gramm.

40 P — Ende Dezember 1910
Symbolabb.

14

Zeitungsmarkeneindruck 2 Heller blaugrün (nur für Inlandsversand, Tarifzone A)

4 P — Ende Dezember 1910

9a

3 Heller-Streifband Jubiläumsausgabe 1908 für den Versand in das Deutsche Reich, Tarifzone B,
1. Gewichtsstufe bis 50 Gramm.

1911 Punkte	Datum	Nummer Bild	Stempeltyp: Buchdruck-Vorausentwertung, Sonstiges
40 P	Mitte Januar 1911 Symbolabb.	14 	Zeitungsmarkeneindruck 2 Heller blaugrün (nur für Inlandsversand, Tarifzone A)
4 P	Mitte Januar 1911	9a 	3 Heller-Streifband Jubiläumsausgabe 1908 für den Versand in das Deutsche Reich, Tarifzone B, 1. Gewichtsstufe bis 50 Gramm.
4 P	Ende Januar 1911	9a 	3 Heller-Streifband Jubiläumsausgabe 1908 für den Versand in das Deutsche Reich, Tarifzone B, 1. Gewichtsstufe bis 50 Gramm.
40 P	Mitte Februar 1911 Symbolabb.	14 	Zeitungsmarkeneindruck 2 Heller blaugrün (nur für Inlandsversand, Tarifzone A)
4 P	Mitte Februar 1911	9a 	3 Heller-Streifband Jubiläumsausgabe 1908 für den Versand in das Deutsche Reich, Tarifzone B, 1. Gewichtsstufe bis 50 Gramm.
40 P	Ende Februar 1911 Symbolabb.	14 	Zeitungsmarkeneindruck 2 Heller blaugrün (nur für Inlandsversand, Tarifzone A)
4 P	Ende Februar 1911	9a 	3 Heller-Streifband Jubiläumsausgabe 1908 für den Versand in das Deutsche Reich, Tarifzone B, 1. Gewichtsstufe bis 50 Gramm.
4 P in Tarifzone B 20 P in Tarifzone C	Ende Februar 1911 Symbolabb.	10a 	Das 5 H-Streifband wird zumeist in das Deutsche Reich DR verschickt (2. Gewichtsstufe 50- 100 Gramm, Tarifzone B). Oder in die Tarifzone C, 1. Gewichtsstufe von 20-40 gr.).

40 P	Mitte März 1911	14 	Zeitungsmarkeneindruck 2 Heller blaugrün (nur für Inlandsversand, Tarifzone A)
4 P	Mitte März 1911	9a 	3 Heller-Streifband Jubiläumsausgabe 1908 für den Versand in das Deutsche Reich, Tarifzone B, 1. Gewichtsstufe bis 50 Gramm.
40 P	Ende März 1911 Symbolabb.	14 	Zeitungsmarkeneindruck 2 Heller blaugrün (nur für Inlandsversand, Tarifzone A)
4 P	Ende März 1911	9a 	3 Heller-Streifband Jubiläumsausgabe 1908 für den Versand in das Deutsche Reich, Tarifzone B, 1. Gewichtsstufe bis 50 Gramm.
40 P	Mitte April 1911 Symbolabb.	14 	Zeitungsmarkeneindruck 2 Heller blaugrün (nur für Inlandsversand, Tarifzone A)
4 P	Mitte April 1911	9a 	3 Heller-Streifband Jubiläumsausgabe 1908 für den Versand in das Deutsche Reich, Tarifzone B, 1. Gewichtsstufe bis 50 Gramm.
40 P	Ende April 1911	14 	Zeitungsmarkeneindruck 2 Heller blaugrün (nur für Inlandsversand, Tarifzone A)
4 P	Ende April 1911	9a 	3 Heller-Streifband Jubiläumsausgabe 1908 für den Versand in das Deutsche Reich, Tarifzone B, 1. Gewichtsstufe bis 50 Gramm.
4 P in Tarifzone B 20 P in Tarifzone C	Ende April 1911	10a 	Das 5 H-Streifband wird zumeist in das Deutsche Reich DR verschickt (2. Gewichtsstufe 50- 100 Gramm, Tarifzone B). Oder in die Tarifzone C, 1. Gewichtsstufe von 20-40 gr.).

40 Punkte	Mitte Mai 1911 Symbolabb.	14 	Zeitungsmarkeneindruck 2 Heller blaugrün (nur für Inlandsversand, Tarifzone A)
4 P	Mitte Mai 1911	9a 	3 Heller-Streifband Jubiläumsausgabe 1908 für den Versand in das Deutsche Reich, Tarifzone B, 1. Gewichtsstufe bis 50 Gramm.
40 P	Ende Mai 1911 Symbolabb.	14 	Zeitungsmarkeneindruck 2 Heller blaugrün (nur für Inlandsversand, Tarifzone A)
4 P	Ende Mai 1911	9a 	3 Heller-Streifband Jubiläumsausgabe 1908 für den Versand in das Deutsche Reich, Tarifzone B, 1. Gewichtsstufe bis 50 Gramm.
4 P in Tarifzone B 20 P in Tarifzone C	Ende Mai 1911 Symbolabb.	10a 	Das 5 H-Streifband wird zumeist in das Deutsche Reich DR verschickt (2. Gewichtsstufe 50- 100 Gramm, Tarifzone B). Oder in die Tarifzone C, 1. Gewichtsstufe von 20-40 gr.).
4 P	Mitte Juni 1911 Symbolabb.	9a 	3 Heller-Streifband Jubiläumsausgabe 1908 für den Versand in das Deutsche Reich, Tarifzone B, 1. Gewichtsstufe bis 50 Gramm.
4 P in Tarifzone B 20 P in Tarifzone C	Mitte Juni 1911 Symbolabb.	10a 	Das 5 H-Streifband wird zumeist in das Deutsche Reich DR verschickt (2. Gewichtsstufe 50- 100 Gramm, Tarifzone B). Oder in die Tarifzone C, 1. Gewichtsstufe von 20-40 gr.).
4 P	Ende Juni 1911	9a 	3 Heller-Streifband Jubiläumsausgabe 1908 für den Versand in das Deutsche Reich, Tarifzone B, 1. Gewichtsstufe bis 50 Gramm.
4 P in Tarifzone B 20 P in Tarifzone C	Ende Juni 1911 Symbolabb.	10a 	Das 5 H-Streifband wird zumeist in das Deutsche Reich DR verschickt (2. Gewichtsstufe 50- 100 Gramm, Tarifzone B). Oder in die Tarifzone C, 1. Gewichtsstufe von 20-40 gr.).

40 P	Mitte Juli 1911 Symbolabb.	14 	Zeitungsmarkeneindruck 2 Heller blaugrün (nur für Inlandsversand, Tarifzone A)
4 P	Mitte Juli 1911	9a 	3 Heller-Streifband Jubiläumsausgabe 1908 für den Versand in das Deutsche Reich, Tarifzone B, 1. Gewichtsstufe bis 50 Gramm.
4 P in Tarifzone B 20 P in Tarifzone C	Mitte Juli 1911 Symbolabb.	10a 	Das 5 H-Streifband wird zumeist in das Deutsche Reich DR verschickt (2. Gewichtsstufe 50- 100 Gramm, Tarifzone B). Oder in die Tarifzone C, 1. Gewichtsstufe von 20-40 gr.).
40 P	Ende Juli 1911 Symbolabb.	14 	Zeitungsmarkeneindruck 2 Heller blaugrün (nur für Inlandsversand, Tarifzone A)
4 P	Ende Juli 1911	9 P 	3 Heller-Streifband Jubiläumsausgabe 1908 für den Versand in das Deutsche Reich, Tarifzone B, 1. Gewichtsstufe bis 50 Gramm.
40 P	Mitte August 1911	14 	Zeitungsmarkeneindruck 2 Heller blaugrün (nur für Inlandsversand, Tarifzone A)
4 P	Mitte August 1911	9a 	3 Heller-Streifband Jubiläumsausgabe 1908 für den Versand in das Deutsche Reich, Tarifzone B, 1. Gewichtsstufe bis 50 Gramm.
4 P in Tarifzone B 20 P in Tarifzone C	Mitte August 1911 Symbolabb.	10a 	Das 5 H-Streifband wird zumeist in das Deutsche Reich DR verschickt (2. Gewichtsstufe 50- 100 Gramm, Tarifzone B). Oder in die Tarifzone C, 1. Gewichtsstufe von 20-40 gr.).
40 P	Ende August 1911 Symbolabb.	14 	Zeitungsmarkeneindruck 2 Heller blaugrün (nur für Inlandsversand, Tarifzone A)

4 P	Ende August 1911	9a 	3 Heller-Streifband Jubiläumsausgabe 1908 für den Versand in das Deutsche Reich, Tarifzone B, 1. Gewichtsstufe bis 50 Gramm.
4 P in Tarifzone B 20 P in Tarifzone C	Ende August 1911 Symbolabb.	10a 	Das 5 H-Streifband wird zumeist in das Deutsche Reich DR verschickt (2. Gewichtsstufe 50- 100 Gramm, Tarifzone B). Oder in die Tarifzone C, 1. Gewichtsstufe von 20-40 gr.).
40 P	Mitte September 1911 Symbolabb.	14 	Zeitungsmarkeneindruck 2 Heller blaugrün (nur für Inlandsversand, Tarifzone A)
4 P	Mitte September 1911	9a 	3 Heller-Streifband Jubiläumsausgabe 1908 für den Versand in das Deutsche Reich, Tarifzone B, 1. Gewichtsstufe bis 50 Gramm.
4 P in Tarifzone B 20 P in Tarifzone C	Mitte September 1911 Symbolabb.	10a 	Das 5 H-Streifband wird zumeist in das Deutsche Reich DR verschickt (2. Gewichtsstufe 50- 100 Gramm, Tarifzone B). Oder in die Tarifzone C, 1. Gewichtsstufe von 20-40 gr.).
40 P	Ende September 1911	14 	Zeitungsmarkeneindruck 2 Heller blaugrün (nur für Inlandsversand, Tarifzone A)
4 P	Ende September 1911	9a 	3 Heller-Streifband Jubiläumsausgabe 1908 für den Versand in das Deutsche Reich, Tarifzone B, 1. Gewichtsstufe bis 50 Gramm.
4 P	Mitte Oktober 1911	9a 	3 Heller-Streifband Jubiläumsausgabe 1908 für den Versand in das Deutsche Reich, Tarifzone B, 1. Gewichtsstufe bis 50 Gramm.
40 P	Ende Oktober 1911 Symbolabb.	14 	Zeitungsmarkeneindruck 2 Heller blaugrün (nur für Inlandsversand, Tarifzone A)

4 P	Ende Oktober 1911	9a 	3 Heller-Streifband Jubiläumsausgabe 1908 für den Versand in das Deutsche Reich, Tarifzone B, 1. Gewichtsstufe bis 50 Gramm.
40 P	Mitte November 1911 Symbolabb.	14 	Zeitungsmarkeneindruck 2 Heller blaugrün (nur für Inlandsversand, Tarifzone A)
4 P	Mitte November 1911	9a 	3 Heller-Streifband Jubiläumsausgabe 1908 für den Versand in das Deutsche Reich, Tarifzone B, 1. Gewichtsstufe bis 50 Gramm.
40 P	Ende November 1911 Symbolabb.	14 	Zeitungsmarkeneindruck 2 Heller blaugrün (nur für Inlandsversand, Tarifzone A)
4 P	Ende November 1911	9a 	3 Heller-Streifband Jubiläumsausgabe 1908 für den Versand in das Deutsche Reich, Tarifzone B, 1. Gewichtsstufe bis 50 Gramm.
40 P	Mitte Dezember 1911 Symbolabb.	14 	Zeitungsmarkeneindruck 2 Heller blaugrün (nur für Inlandsversand, Tarifzone A)
4 P	Mitte Dezember 1911	9a 	3 Heller-Streifband Jubiläumsausgabe 1908 für den Versand in das Deutsche Reich, Tarifzone B, 1. Gewichtsstufe bis 50 Gramm.
40 P	Ende Dezember 1911 Symbolabb.	14 	Zeitungsmarkeneindruck 2 Heller blaugrün (nur für Inlandsversand, Tarifzone A)
4 P	Ende Dezember 1911	9a 	3 Heller-Streifband Jubiläumsausgabe 1908 für den Versand in das Deutsche Reich, Tarifzone B, 1. Gewichtsstufe bis 50 Gramm.

1912 Punkte	Datum	Nummer Bild	Stempeltyp: Buchdruck-Vorausentwertung, Sonstiges
40 P	Mitte Januar 1912 Symbolabb.	14 	Zeitungsmarkeneindruck 2 Heller blaugrün (nur für Inlandsversand, Tarifzone A)
4 P	Mitte Januar 1912	9a 	3 Heller-Streifband Jubiläumsausgabe 1908 für den Versand in das Deutsche Reich, Tarifzone B, 1. Gewichtsstufe bis 50 Gramm.
4 P in Tarifzone B 20 P in Tarifzone C	Mitte Januar 1912	10a 	Das 5 H-Streifband wird zumeist in das Deutsche Reich DR verschickt oder in die Oder in die Tarifzone C, 1. Gewichtsstufe von 20-40 gr.). Abbildung eines Streifbands nach China (Tarifzone C) siehe 8.3. „Destinationen“.
40 P	Ende Januar 1912 Symbolabb.	14 	Zeitungsmarkeneindruck 2 Heller blaugrün (nur für Inlandsversand, Tarifzone A)
4 P	Ende Januar 1912	9a 	3 Heller-Streifband Jubiläumsausgabe 1908 für den Versand in das Deutsche Reich, Tarifzone B, 1. Gewichtsstufe bis 50 Gramm.
4 P in Tarifzone B 20 P in Tarifzone C	Ende Januar 1912	10a 	Das 5 H-Streifband wird zumeist in das Deutsche Reich DR verschickt (2. Gewichtsstufe 50- 100 Gramm, Tarifzone B). Oder in die Tarifzone C, 1. Gewichtsstufe von 20-40 gr.).
40 P	Mitte Februar 1912 Symbolabb.	14 	Zeitungsmarkeneindruck 2 Heller blaugrün (nur für Inlandsversand, Tarifzone A)
4 P	Mitte Februar 1912	9a 	3 Heller-Streifband Jubiläumsausgabe 1908 für den Versand in das Deutsche Reich, Tarifzone B, 1. Gewichtsstufe bis 50 Gramm.

40 P	Ende Februar 1912 Symbolabb.	14 	Zeitungsmarkeneindruck 2 Heller blaugrün (nur für Inlandsversand, Tarifzone A)
4 P	Ende Februar 1912	9a 	3 Heller-Streifband Jubiläumsausgabe 1908 für den Versand in das Deutsche Reich, Tarifzone B, 1. Gewichtsstufe bis 50 Gramm.
4 P	Mitte März 1912	9a 	3 Heller-Streifband Jubiläumsausgabe 1908 für den Versand in das Deutsche Reich, Tarifzone B, 1. Gewichtsstufe bis 50 Gramm.
4 P in Tarifzone B 20 P in Tarifzone C	Mitte März 1912 Symbolabb.	10a 	Das 5 H-Streifband wird zumeist in das Deutsche Reich DR verschickt (2. Gewichtsstufe 50- 100 Gramm, Tarifzone B). Oder in die Tarifzone C, 1. Gewichtsstufe von 20-40 gr.).
40 P	Ende März 1912 Symbolabb.	14 	Zeitungsmarkeneindruck 2 Heller blaugrün (nur für Inlandsversand, Tarifzone A)
4 P	Ende März 1912	9a 	3 Heller-Streifband Jubiläumsausgabe 1908 für den Versand in das Deutsche Reich, Tarifzone B, 1. Gewichtsstufe bis 50 Gramm.
4 P in Tarifzone B 20 P in Tarifzone C	Ende März 1912 Symbolabb.	10a 	Das 5 H-Streifband wird zumeist in das Deutsche Reich DR verschickt (2. Gewichtsstufe 50- 100 Gramm, Tarifzone B). Oder in die Tarifzone C, 1. Gewichtsstufe von 20-40 gr.).
40 P	Mitte April 1912 Symbolabb.	14 	Zeitungsmarkeneindruck 2 Heller blaugrün (nur für Inlandsversand, Tarifzone A)
4 P	Mitte April 1912	9a 	3 Heller-Streifband Jubiläumsausgabe 1908 für den Versand in das Deutsche Reich, Tarifzone B, 1. Gewichtsstufe bis 50 Gramm.

40 P	Ende April 1912 Symbolabb.	14 	Zeitungsmarkeneindruck 2 Heller blaugrün (nur für Inlandsversand, Tarifzone A)
4 P	Ende April 1912	9a 	3 Heller-Streifband Jubiläumsausgabe 1908 für den Versand in das Deutsche Reich, Tarifzone B, 1. Gewichtsstufe bis 50 Gramm.
40 P	Mitte Mai 1912 Symbolabb	14 	Zeitungsmarkeneindruck 2 Heller blaugrün (nur für Inlandsversand, Tarifzone A)
4 P	Mitte Mai 1912	9a 	Eine Abbildung einer Fehldruck-Zufälligkeit dieser Ausgabe ist im Abarten- Kapitel 9.2. zu sehen (blasser Druck der Jahreszahl, 50 Punkte)
40 P	Ende Mai 1912 Symbolabb.	14 	Zeitungsmarkeneindruck 2 Heller blaugrün (nur für Inlandsversand, Tarifzone A)
4 P	Ende Mai 1912	9a 	3 Heller-Streifband Jubiläumsausgabe 1908 für den Versand in das Deutsche Reich, Tarifzone B, 1. Gewichtsstufe bis 50 Gramm.
40 P	Mitte Juni 1912 Symbolabb.	14 	Zeitungsmarkeneindruck 2 Heller blaugrün (nur für Inlandsversand, Tarifzone A)
4 P	Mitte Juni 1912	9a 	3 Heller-Streifband Jubiläumsausgabe 1908 für den Versand in das Deutsche Reich, Tarifzone B, 1. Gewichtsstufe bis 50 Gramm.
40 P	Ende Juni 1912 Symbolabb.	14 	Zeitungsmarkeneindruck 2 Heller blaugrün (nur für Inlandsversand, Tarifzone A)

4 P	Ende Juni 1912	9a 	3 Heller-Streifband Jubiläumsausgabe 1908 für den Versand in das Deutsche Reich, Tarifzone B, 1. Gewichtsstufe bis 50 Gramm.
40 P	Mitte Juli 1912 Symbolabb.	14 	Zeitungsmarkeneindruck 2 Heller blaugrün (nur für Inlandsversand, Tarifzone A)
4 P	Mitte Juli 1912	9a 	3 Heller-Streifband Jubiläumsausgabe 1908 für den Versand in das Deutsche Reich, Tarifzone B, 1. Gewichtsstufe bis 50 Gramm.
4 P in Tarifzone B 20 P in Tarifzone C	Mitte Juli 1912 Symbolabb.	10a 	Das 5 H-Streifband wird zumeist in das Deutsche Reich DR verschickt (2. Gewichtsstufe 50- 100 Gramm, Tarifzone B). Oder in die Tarifzone C, 1. Gewichtsstufe von 20-40 gr.).
4 P	Ende Juli 1912	9a 	3 Heller-Streifband Jubiläumsausgabe 1908 für den Versand in das Deutsche Reich, Tarifzone B, 1. Gewichtsstufe bis 50 Gramm.
40 P	Mitte August 1912 Symbolabb.	14 	Zeitungsmarkeneindruck 2 Heller blaugrün (nur für Inlandsversand, Tarifzone A)
4 P	Mitte August 1912	9a 	3 Heller-Streifband Jubiläumsausgabe 1908 für den Versand in das Deutsche Reich, Tarifzone B, 1. Gewichtsstufe bis 50 Gramm.
4 P	Ende August 1912	9a 	3 Heller-Streifband Jubiläumsausgabe 1908 für den Versand in das Deutsche Reich, Tarifzone B, 1. Gewichtsstufe bis 50 Gramm.
40 P	Mitte September 1912 Symbolabb.	14 	Zeitungsmarkeneindruck 2 Heller blaugrün (nur für Inlandsversand, Tarifzone A)

4 P	Mitte September 1912	9a 	3 Heller-Streifband Jubiläumsausgabe 1908 für den Versand in das Deutsche Reich, Tarifzone B, 1. Gewichtsstufe bis 50 Gramm.
40 P	Ende September 1912 Symbolabb.	14 	Zeitungsmarkeneindruck 2 Heller blaugrün (nur für Inlandsversand, Tarifzone A)
4 P	Ende September 1912	9a 	3 Heller-Streifband Jubiläumsausgabe 1908 für den Versand in das Deutsche Reich, Tarifzone B, 1. Gewichtsstufe bis 50 Gramm.
40 P	Mitte Oktober 1912 Symbolabb.	14 	Zeitungsmarkeneindruck 2 Heller blaugrün (nur für Inlandsversand, Tarifzone A)
4 P	Mitte Oktober 1912	9a 	3 Heller-Streifband Jubiläumsausgabe 1908 für den Versand in das Deutsche Reich, Tarifzone B, 1. Gewichtsstufe bis 50 Gramm.
40 P	Ende Oktober 1912 Symbolabb.	14 	Zeitungsmarkeneindruck 2 Heller blaugrün (nur für Inlandsversand, Tarifzone A)
4 P	Ende Oktober 1912	9a 	3 Heller-Streifband Jubiläumsausgabe 1908 für den Versand in das Deutsche Reich, Tarifzone B, 1. Gewichtsstufe bis 50 Gramm.
40 P	Mitte November 1912 Symbolabb.	14 	Zeitungsmarkeneindruck 2 Heller blaugrün (nur für Inlandsversand, Tarifzone A)
4 P	Mitte November 1912	9a 	3 Heller-Streifband Jubiläumsausgabe 1908 für den Versand in das Deutsche Reich, Tarifzone B, 1. Gewichtsstufe bis 50 Gramm.

40 P	Ende November 1912 Symbolabb.	14 	Zeitungsmarkeneindruck 2 Heller blaugrün (nur für Inlandsversand, Tarifzone A)
4 P	Ende November 1912	9a 	3 Heller-Streifband Jubiläumsausgabe 1908 für den Versand in das Deutsche Reich, Tarifzone B, 1. Gewichtsstufe bis 50 Gramm.
40 P	Mitte Dezember 1912 Symbolabb.	14 	Zeitungsmarkeneindruck 2 Heller blaugrün (nur für Inlandsversand, Tarifzone A)
4 P	Mitte Dezember 1912	9a 	3 Heller-Streifband Jubiläumsausgabe 1908 für den Versand in das Deutsche Reich, Tarifzone B, 1. Gewichtsstufe bis 50 Gramm.
4 P	Ende Dezember 1912	9a 	3 Heller-Streifband Jubiläumsausgabe 1908 für den Versand in das Deutsche Reich, Tarifzone B, 1. Gewichtsstufe bis 50 Gramm.

1913 Punkte	Datum	Nummer Bild	Stempeltyp: Buchdruck-Vorausentwertung, Sonstiges
40 P	Mitte Januar 1913 Symbolabb.	14 	Zeitungsmarkeneindruck 2 Heller blaugrün (nur für Inlandsversand, Tarifzone A)
4 P	Mitte Januar 1913	9a 	3 Heller-Streifband Jubiläumsausgabe 1908 für den Versand in das Deutsche Reich, Tarifzone B, 1. Gewichtsstufe bis 50 Gramm.
40 P	Ende Januar 1913 Symbolabb.	14 	Zeitungsmarkeneindruck 2 Heller blaugrün (nur für Inlandsversand, Tarifzone A)
4 P	Ende Januar 1913	9a 	3 Heller-Streifband Jubiläumsausgabe 1908 für den Versand in das Deutsche Reich, Tarifzone B, 1. Gewichtsstufe bis 50 Gramm.
40 P	Mitte Februar 1913	14 	Zeitungsmarkeneindruck 2 Heller blaugrün (nur für Inlandsversand, Tarifzone A)
4 P	Mitte Februar 1913	9a 	3 Heller-Streifband Jubiläumsausgabe 1908 für den Versand in das Deutsche Reich, Tarifzone B, 1. Gewichtsstufe bis 50 Gramm.
40 P	Ende Februar 1913 Symbolabb.	14 	Zeitungsmarkeneindruck 2 Heller blaugrün (nur für Inlandsversand, Tarifzone A)
4 P	Ende Februar 1913	9a 	3 Heller-Streifband Jubiläumsausgabe 1908 für den Versand in das Deutsche Reich, Tarifzone B, 1. Gewichtsstufe bis 50 Gramm.

40 P	Mitte März 1913 Symbolabb.	14 	Zeitungsmarkeneindruck 2 Heller blaugrün (nur für Inlandsversand, Tarifzone A)
4 P	Mitte März 1913	9a 	3 Heller-Streifband Jubiläumsausgabe 1908 für den Versand in das Deutsche Reich, Tarifzone B, 1. Gewichtsstufe bis 50 Gramm.
40 P	Ende März 1913 Symbolabb.	14 	Zeitungsmarkeneindruck 2 Heller blaugrün (nur für Inlandsversand, Tarifzone A)
4 P	Ende März 1913	9a 	3 Heller-Streifband Jubiläumsausgabe 1908 für den Versand in das Deutsche Reich, Tarifzone B, 1. Gewichtsstufe bis 50 Gramm.
40 P	Mitte April 1913 Symbolabb.	14 	Zeitungsmarkeneindruck 2 Heller blaugrün (nur für Inlandsversand, Tarifzone A)
4 P	Mitte April 1913	9a 	3 Heller-Streifband Jubiläumsausgabe 1908 für den Versand in das Deutsche Reich, Tarifzone B, 1. Gewichtsstufe bis 50 Gramm.
4 P	Ende April 1913	9a 	3 Heller-Streifband Jubiläumsausgabe 1908 für den Versand in das Deutsche Reich, Tarifzone B, 1. Gewichtsstufe bis 50 Gramm.
40 P	Mitte Mai 1913	14 	Zeitungsmarkeneindruck 2 Heller blaugrün (nur für Inlandsversand, Tarifzone A)
4 P	Mitte Mai 1913	9a 	3 Heller-Streifband Jubiläumsausgabe 1908 für den Versand in das Deutsche Reich, Tarifzone B, 1. Gewichtsstufe bis 50 Gramm.

40 P	Ende Mai 1913 Symbolabb.	14 	Zeitungsmarkeneindruck 2 Heller blaugrün (nur für Inlandsversand, Tarifzone A)
4 P	Ende Mai 1913	9a 	3 Heller-Streifband Jubiläumsausgabe 1908 für den Versand in das Deutsche Reich, Tarifzone B, 1. Gewichtsstufe bis 50 Gramm.
40 P	Mitte Juni 1913 Symbolabb.	14 	Zeitungsmarkeneindruck 2 Heller blaugrün (nur für Inlandsversand, Tarifzone A)
4 P in Tarifzone B 20 P inTarifzone C	Mitte Juni 1913	10a 	Das 5 H-Streifband wird zumeist in das Deutsche Reich DR verschickt (2. Gewichtsstufe 50- 100 Gramm, Tarifzone B). Oder in die Tarifzone C, 1. Gewichtsstufe von 20-40 gr.).
80 P	Mitte Juni 1913 Symbolabb.	11a 	Streifband 10 Heller rot mit dem zweiteiligem Buchdruck- Aufdruck (Rahmen+ Gültigkeitsdatum „Mitte Monat“ oder „Ende Monat“). Für Streifband 2. Gewichtsstufe (20-40 Gr.) in die Tarifzone C „Ganze Welt“
300 P	Ende Juni 1913 Symbolabb.	15 	RRR- Ausgabe Zeitungsmarke mit 6 H Merkur nach rechts.
4 P in Tarifzone B 20 P in Tarifzone C	Ende Juni 1913	10a 	Das 5 H-Streifband wird zumeist in das Deutsche Reich DR verschickt (2. Gewichtsstufe 50- 100 Gramm, Tarifzone B). Oder in die Tarifzone C, 1. Gewichtsstufe von 20-40 gr.).
80 P	Ende Juni 1913	11a 	Streifband 10 Heller rot mit dem zweiteiligem Buchdruck- Aufdruck (Rahmen+ Gültigkeitsdatum „Mitte Monat“ oder „Ende Monat“). Für Streifband 2. Gewichtsstufe (20-40 Gr.) in die Tarifzone C „Ganze Welt“
40 P	Mitte Juli 1913 Symbolabb.	14 	Zeitungsmarkeneindruck 2 Heller blaugrün (nur für Inlandsversand, Tarifzone A)

4 P	Mitte Juli 1913 Symbolabb.	9a 	3 Heller-Streifband Jubiläumsausgabe 1908 für den Versand in das Deutsche Reich, Tarifzone B, 1. Gewichtsstufe bis 50 Gramm.
40 P	Ende Juli 1913 Symbolabb.	14 	Zeitungsmarkeneindruck 2 Heller blaugrün (nur für Inlandsversand, Tarifzone A)
4 P	Ende Juli 1913	9a 	3 Heller-Streifband Jubiläumsausgabe 1908 für den Versand in das Deutsche Reich, Tarifzone B, 1. Gewichtsstufe bis 50 Gramm.
40 P	Mitte August 1913 Symbolabb.	14 	Zeitungsmarkeneindruck 2 Heller blaugrün (nur für Inlandsversand, Tarifzone A)
4 P	Mitte August 1913	9a 	3 Heller-Streifband Jubiläumsausgabe 1908 für den Versand in das Deutsche Reich, Tarifzone B, 1. Gewichtsstufe bis 50 Gramm.
4 P in Tarifzone B 20 P in Tarifzone C	Mitte August 1913 Symbolabb.	10a 	Das 5 H-Streifband wird zumeist in das Deutsche Reich DR verschickt (2. Gewichtsstufe 50- 100 Gramm, Tarifzone B). Oder in die Tarifzone C, 1. Gewichtsstufe von 20-40 gr.).
40 P	Ende August 1913 Symbolabb.	14 	Zeitungsmarkeneindruck 2 Heller blaugrün (nur für Inlandsversand, Tarifzone A)
4 P	Ende August 1913	9a 	3 Heller-Streifband Jubiläumsausgabe 1908 für den Versand in das Deutsche Reich, Tarifzone B, 1. Gewichtsstufe bis 50 Gramm.
40 P	Mitte September 1913 Symbolabb.	14 	Zeitungsmarkeneindruck 2 Heller blaugrün (nur für Inlandsversand, Tarifzone A)

4 P	Mitte September 1913	9a 	3 Heller-Streifband Jubiläumsausgabe 1908 für den Versand in das Deutsche Reich, Tarifzone B, 1. Gewichtsstufe bis 50 Gramm.
40 P	Ende September 1913 Symbolabb.	14 	Zeitungsmarkeneindruck 2 Heller blaugrün (nur für Inlandsversand, Tarifzone A)
4 P	Ende September 1913	9a 	3 Heller-Streifband Jubiläumsausgabe 1908 für den Versand in das Deutsche Reich, Tarifzone B, 1. Gewichtsstufe bis 50 Gramm.
40 P	Mitte Oktober 1913 Symbolabb.	14 	Zeitungsmarkeneindruck 2 Heller blaugrün (nur für Inlandsversand, Tarifzone A)
4 P	Mitte Oktober 1913	9a 	3 Heller-Streifband Jubiläumsausgabe 1908 für den Versand in das Deutsche Reich, Tarifzone B, 1. Gewichtsstufe bis 50 Gramm.
40 P	Ende Oktober 1913 Symbolabb.	14 	Zeitungsmarkeneindruck 2 Heller blaugrün (nur für Inlandsversand, Tarifzone A)
4 P	Ende Oktober 1913	9a 	3 Heller-Streifband Jubiläumsausgabe 1908 für den Versand in das Deutsche Reich, Tarifzone B, 1. Gewichtsstufe bis 50 Gramm.
40 P	Mitte November 1913 Symbolabb.	14 	Zeitungsmarkeneindruck 2 Heller blaugrün (nur für Inlandsversand, Tarifzone A)
4 P	Mitte November 1913	9a 	3 Heller-Streifband Jubiläumsausgabe 1908 für den Versand in das Deutsche Reich, Tarifzone B, 1. Gewichtsstufe bis 50 Gramm.

40 P	Ende November 1913 Symbolabb.	14 	Zeitungsmarkeneindruck 2 Heller blaugrün (nur für Inlandsversand, Tarifzone A)
4 P	Ende November 1913	9a 	3 Heller-Streifband Jubiläumsausgabe 1908 für den Versand in das Deutsche Reich, Tarifzone B, 1. Gewichtsstufe bis 50 Gramm.
40 P	Mitte Dezember 1913 Symbolabb.	14 	Zeitungsmarkeneindruck 2 Heller blaugrün (nur für Inlandsversand, Tarifzone A)
4 P	Mitte Dezember 1913	9a 	3 Heller-Streifband Jubiläumsausgabe 1908 für den Versand in das Deutsche Reich, Tarifzone B, 1. Gewichtsstufe bis 50 Gramm.
4 P	Ende Dezember 1913	9a 	3 Heller-Streifband Jubiläumsausgabe 1908 für den Versand in das Deutsche Reich, Tarifzone B, 1. Gewichtsstufe bis 50 Gramm.
40 P	Dezember 1913, Januar-Februar 1914	9c 	Erörterung siehe Kapitel 4.3.1. „Provisorien und Einschubausgaben der Periode III", „Joker". Verwendung vermutlich im Dezember 1913 und/ oder Januar- Februar 1914
40 P in Tarifzone B 80 P in Tarifzone C	Dezember 1913, Januar-Februar 1914	10d 	Erörterung siehe Kapitel 4.3.1. „Provisorien und Einschubausgaben der Periode III". „Joker". Verwendung vermutlich im Dezember 1913 und/ oder Januar- Februar 1914

1914 Punkte	Datum	Nummer Bild	Stempeltyp: Buchdruck-Vorausentwertung, Sonstiges
150 P.	Januar-Februar 1914	14a 	falscher Symbolscan (Achtung: Richtig wären zwei Monate im Datumsbereich). „Doppelmonatsvariante"
15 P in Tarifzone B 40 P in Tarifzone C	Januar-Februar 1914	10b 	Die Bezeichnung zweier Monate im Datumsbereich existiert nur bei diesen zwei Ausgaben 2 H Merkur nach rechts sowie Jubiläum 5 H.
15 P in Tarifzone B 40 P in Tarifzone C	März 1914	10c 	Nur bei dieser Ausgabe als auch bei der Ausgabe Jubiläumsausgabe 3 H vom August 1914 gibt es die Monatsangabe ohne „Mitte" oder „Ende". „Einmonatsausgabe".
4 P	Ende März 1914	9a 	3 Heller-Streifband Jubiläumsausgabe 1908 für den Versand in das Deutsche Reich, Tarifzone B, 1. Gewichtsstufe bis 50 Gramm.
4 P	Mitte April 1914	9a 	3 Heller-Streifband Jubiläumsausgabe 1908 für den Versand in das Deutsche Reich, Tarifzone B, 1. Gewichtsstufe bis 50 Gramm.
40 P	Ende April 1914 Symbolabb.	14 	Zeitungsmarkeneindruck 2 Heller blaugrün (nur für Inlandsversand, Tarifzone A)
4 P	Ende April 1914	9a 	3 Heller-Streifband Jubiläumsausgabe 1908 für den Versand in das Deutsche Reich, Tarifzone B, 1. Gewichtsstufe bis 50 Gramm.
4 P in Tarifzone B 20 P in Tarifzone C	Ende April 1914	10a 	Das 5 H-Streifband wird zumeist in das Deutsche Reich DR verschickt (2. Gewichtsstufe 50- 100 Gramm, Tarifzone B). Oder in die Tarifzone C, 1. Gewichtsstufe von 20-40 gr.).

40 P	Mitte Mai 1914 Symbolabb.	14 	Zeitungsmarkeneindruck 2 Heller blaugrün (nur für Inlandsversand, Tarifzone A)
4 P	Mitte Mai 1914	9a 	3 Heller-Streifband Jubiläumsausgabe 1908 für den Versand in das Deutsche Reich, Tarifzone B, 1. Gewichtsstufe bis 50 Gramm.
40 P	Ende Mai 1914 Symbolabb.	14 	Zeitungsmarkeneindruck 2 Heller blaugrün (nur für Inlandsversand, Tarifzone A)
4 P	Ende Mai 1914	9a 	3 Heller-Streifband Jubiläumsausgabe 1908 für den Versand in das Deutsche Reich, Tarifzone B, 1. Gewichtsstufe bis 50 Gramm.
40 P	Mitte Juni 1914 Symbolabb.	14 	Zeitungsmarkeneindruck 2 Heller blaugrün (nur für Inlandsversand, Tarifzone A)
8 P in Tarifzone B 40 P in Tarifzone C	Mitte Juni 1914	10a 	**Letzttag** dieses Streifband-Wertstempels Nr. 10a da der Auslandsversand in die Tarifzone C vom 28.07.1914- 11.11.1918 (Erster Weltkrieg“) eingestellt ist.
160 P	Mitte Juni 1914	11a 	**Letzttag** dieses Streifbands 10 Heller rot welches ab Mitte Mai 1910 zum Versand in „Alle Welt“ der 2. Gewichtsstufe (20-40 Gr.) in die Tarifzone C „Ganze Welt“ verwendet wurde.
4 P	Ende Juni 1914	9a 	3 Heller-Streifband Jubiläumsausgabe 1908 für den Versand in das Deutsche Reich, Tarifzone B, 1. Gewichtsstufe bis 50 Gramm.
40 P	Mitte Juli 1914 Symbolabb.	14 	Zeitungsmarkeneindruck 2 Heller blaugrün (nur für Inlandsversand, Tarifzone A)

4 P — Mitte Juli 1914

9a

3 Heller-Streifband Jubiläumsausgabe 1908 für den Versand in das Deutsche Reich, Tarifzone B,
1. Gewichtsstufe bis 50 Gramm.

28.07.1914: Beginn des I. Weltkriegs; ab sofort ist der Auslandspostverkehr in die Länder außerhalb der k.u.k.- Monarchie Österreichs und des Deutschen Reichs eingestellt.

4 P — Ende Juli 1914

9a

3 Heller-Streifband Jubiläumsausgabe 1908 für den Versand in das Deutsche Reich, Tarifzone B,
1. Gewichtsstufe bis 50 Gramm.

15 P — August 1914

9b

Nur bei dieser Ausgabe als auch bei der Ausgabe Jubiläumsausgabe 5 H vom März 1914 gibt es die Monatsangabe ohne „Mitte“ oder „Ende“, „Einmonatsausgabe“.

150 P — August 1914

9 F I

Obige Ausgabe auch als Fehldruck „AUGSTU“ 1914 bekannt.

Abbildungen der kompletten AUGSTU-Streifbänder im Kapitel 9.2. „Abbildungen Studie Aufdruckfehler & Druckzufälligkeiten anhand der Streifbandausgabe Nr. 9“

40 P — Ende August 1914

14

Zeitungsmarkeneindruck 2 Heller blaugrün (nur für Inlandsversand, Tarifzone A)

180 P — August 1914

14 F I

Obenstehend gelistete Ausgabe 14 auch als Fehldruck „AUGSTU“ 1914 bekannt

4 P — Ende August 1914

9a

3 Heller-Streifband Jubiläumsausgabe 1908 für den Versand in das Deutsche Reich, Tarifzone B,
1. Gewichtsstufe bis 50 Gramm.

40 P — Ende September 1914
Symbolabb.

14

Zeitungsmarkeneindruck 2 Heller blaugrün (nur für Inlandsversand, Tarifzone A)

4 P

Ende September 1914

9a

3 Heller-Streifband Jubiläumsausgabe 1908 für den Versand in das Deutsche Reich, Tarifzone B,
1. Gewichtsstufe bis 50 Gramm.

40 P

Ende Oktober 1914
Symbolabb.

14

Zeitungsmarkeneindruck 2 Heller blaugrün (nur für Inlandsversand, Tarifzone A)

4 P

Ende Oktober 1914

9a

3 Heller-Streifband Jubiläumsausgabe 1908 für den Versand in das Deutsche Reich, Tarifzone B,
1. Gewichtsstufe bis 50 Gramm.

40 P

Mitte November 1914
Symbolabb.

14

Zeitungsmarkeneindruck 2 Heller blaugrün (nur für Inlandsversand, Tarifzone A)

4 P

Mitte November 1914

9a

3 Heller-Streifband Jubiläumsausgabe 1908 für den Versand in das Deutsche Reich, Tarifzone B,
1. Gewichtsstufe bis 50 Gramm.

40 P

Ende Dezember 1914
Symbolabb.

14

Zeitungsmarkeneindruck 2 Heller blaugrün (nur für Inlandsversand, Tarifzone A)

4 P

Ende Dezember 1914

9a

3 Heller-Streifband Jubiläumsausgabe 1908 für den Versand in das Deutsche Reich, Tarifzone B,
1. Gewichtsstufe bis 50 Gramm.

1915 Punkte	Datum	Nummer Bild	Stempeltyp: Buchdruck-Vorausentwertung, Sonstiges
40 P	Ende Januar 1915 Symbolabb.	14 	Zeitungsmarkeneindruck 2 Heller blaugrün (nur für Inlandsversand, Tarifzone A)
4 P	Ende Januar 1915	9a 	3 Heller-Streifband Jubiläumsausgabe 1908 für den Versand in das Deutsche Reich, Tarifzone B, 1. Gewichtsstufe bis 50 Gramm.
4 P	Ende Februar 1915	9a 	3 Heller-Streifband Jubiläumsausgabe 1908 für den Versand in das Deutsche Reich, Tarifzone B, 1. Gewichtsstufe bis 50 Gramm.
4 P	Ende März 1915	9a 	3 Heller-Streifband Jubiläumsausgabe 1908 für den Versand in das Deutsche Reich, Tarifzone B, 1. Gewichtsstufe bis 50 Gramm.
4 P	Ende April 1915	9a 	3 Heller-Streifband Jubiläumsausgabe 1908 für den Versand in das Deutsche Reich, Tarifzone B, 1. Gewichtsstufe bis 50 Gramm.
4 P	Ende Mai 1915	9a 	3 Heller-Streifband Jubiläumsausgabe 1908 für den Versand in das Deutsche Reich, Tarifzone B, 1. Gewichtsstufe bis 50 Gramm.
4 P	Ende Juni 1915	9a 	3 Heller-Streifband Jubiläumsausgabe 1908 für den Versand in das Deutsche Reich, Tarifzone B, 1. Gewichtsstufe bis 50 Gramm.
4 P	Ende Juli 1915	9a 	3 Heller-Streifband Jubiläumsausgabe 1908 für den Versand in das Deutsche Reich, Tarifzone B, 1. Gewichtsstufe bis 50 Gramm.

4 P	Ende August 1915	9a 	3 Heller-Streifband Jubiläumsausgabe 1908 für den Versand in das Deutsche Reich, Tarifzone B, 1. Gewichtsstufe bis 50 Gramm.
4 P	Ende September 1915	9a 	3 Heller-Streifband Jubiläumsausgabe 1908 für den Versand in das Deutsche Reich, Tarifzone B, 1. Gewichtsstufe bis 50 Gramm.
40 P	Ende Oktober 1915 Symbolabb.	14 	Zeitungsmarkeneindruck 2 Heller blaugrün (nur für Inlandsversand, Tarifzone A)
4 P	Ende Oktober 1915	9a 	3 Heller-Streifband Jubiläumsausgabe 1908 für den Versand in das Deutsche Reich, Tarifzone B, 1. Gewichtsstufe bis 50 Gramm.
40 P	Ende November 1915	14 	Zeitungsmarkeneindruck 2 Heller blaugrün (nur für Inlandsversand, Tarifzone A)
4 P	Ende November 1915	9a 	3 Heller-Streifband Jubiläumsausgabe 1908 für den Versand in das Deutsche Reich, Tarifzone B, 1. Gewichtsstufe bis 50 Gramm.
40 P	Ende Dezember 1915 Symbolabb.	14 	Zeitungsmarkeneindruck 2 Heller blaugrün (nur für Inlandsversand, Tarifzone A)
4 P	Ende Dezember 1915	9a 	3 Heller-Streifband Jubiläumsausgabe 1908 für den Versand in das Deutsche Reich, Tarifzone B, 1. Gewichtsstufe bis 50 Gramm.

1916 Punkte	Datum	Nummer Bild	Stempeltyp: Buchdruck-Vorausentwertung, Sonstiges
40 P	Ende Januar 1916 Symbolabb.	14 	Zeitungsmarkeneindruck 2 Heller blaugrün (nur für Inlandsversand, Tarifzone A)
4 P	Ende Januar 1916	9a 	3 Heller-Streifband Jubiläumsausgabe 1908 für den Versand in das Deutsche Reich, Tarifzone B, 1. Gewichtsstufe bis 50 Gramm.
40 P	Ende Februar 1916	14 	Zeitungsmarkeneindruck 2 Heller blaugrün (nur für Inlandsversand, Tarifzone A)
4 P	Ende Februar 1916	9a 	3 Heller-Streifband Jubiläumsausgabe 1908 für den Versand in das Deutsche Reich, Tarifzone B, 1. Gewichtsstufe bis 50 Gramm.
40 P	Ende März 1916 Symbolabb.	14 	Zeitungsmarkeneindruck 2 Heller blaugrün (nur für Inlandsversand, Tarifzone A)
4 P	Ende März 1916	9a 	3 Heller-Streifband Jubiläumsausgabe 1908 für den Versand in das Deutsche Reich, Tarifzone B, 1. Gewichtsstufe bis 50 Gramm.
40 P	Ende April 1916 Symbolabb.	14 	Zeitungsmarkeneindruck 2 Heller blaugrün (nur für Inlandsversand, Tarifzone A)
4 P	Ende April 1916	9a 	3 Heller-Streifband Jubiläumsausgabe 1908 für den Versand in das Deutsche Reich, Tarifzone B, 1. Gewichtsstufe bis 50 Gramm.

40 P	Ende Mai 1916 Symbolabb.	14 	Zeitungsmarkeneindruck 2 Heller blaugrün (nur für Inlandsversand, Tarifzone A)
4 P	Ende Mai 1916	9a 	3 Heller-Streifband Jubiläumsausgabe 1908 für den Versand in das Deutsche Reich, Tarifzone B, 1. Gewichtsstufe bis 50 Gramm.
40 P	Ende Juni 1916 Symbolabb.	14 	Zeitungsmarkeneindruck 2 Heller blaugrün (nur für Inlandsversand, Tarifzone A)
4 P	Ende Juni 1916	9a 	3 Heller-Streifband Jubiläumsausgabe 1908 für den Versand in das Deutsche Reich, Tarifzone B, 1. Gewichtsstufe bis 50 Gramm.
40 P	Ende Juli 1916 Symbolabb.	14 	Zeitungsmarkeneindruck 2 Heller blaugrün (nur für Inlandsversand, Tarifzone A)
4 P	Ende Juli 1916	9a 	3 Heller-Streifband Jubiläumsausgabe 1908 für den Versand in das Deutsche Reich, Tarifzone B, 1. Gewichtsstufe bis 50 Gramm.
40 P	Ende August 1916 Symbolabb.	14 	Zeitungsmarkeneindruck 2 Heller blaugrün (nur für Inlandsversand, Tarifzone A)
4 P	Ende August 1916	9a 	3 Heller-Streifband Jubiläumsausgabe 1908 für den Versand in das Deutsche Reich, Tarifzone B, 1. Gewichtsstufe bis 50 Gramm.
80 P	Ende September 1916 Symbolabb.	14 	**Letzttag** dieses Cachets welches seit Ende März 1910 im Einsatz ist. Ab der Ausgabe Ende Oktober 1916 wird der Eindruck 2 H Merkur rot verwendet.

8 P	Ende September 1916	9a 	**Letzttag** der Ausgabe dieses Cachets, ab der nächsten Ausgabe Ende Oktober 1916 wird diese Ausgabe durch Kaiserkrone 3 H violett ersetzt.
40 P	Ende Oktober 1916	16a 	**Ersttag** des Streifbands 16a mit Eindruck der Zeitungsmarke Ausgabe 1916, 2 H kleiner roter Merkur nach links. Diese Ausgabe existiert auch ohne Datumseindruck und wird im Textkapitel „Einschubsausgaben & Provisorien der Periode III“ behandelt.
12 P	Ende Oktober 1916	12 	**Ersttag** Kaiserkrone 1916, 3 Heller violett mit zweiteiligem Bdr.- Aufdruck (Rahmen+ Gültigkeitsdatum „Mitte Monat“ oder „Ende Monat“). Tarifzone B, ausschließlich Versand in das DR, Gewichtsstufe 1 bis 50 Gramm
40 P	Ende November 1916	16a 	Zeitungsmarkeneindruck 2 Heller kleiner Merkur nach links rot (nur für Inlandsversand) mit zweiteiligem Buchdruck- Aufdruck.
6 P	Ende November 1916	12 	Kaiserkrone 1916, 3 Heller violett mit zweiteiligem Bdr.- Aufdruck (Rahmen+ Gültigkeitsdatum „Mitte Monat“ oder „Ende Monat“). Tarifzone B, ausschließlich Versand in das DR, Gewichtsstufe 1 bis 50 Gramm
40 P	Ende Dezember 1916	16a 	Zeitungsmarkeneindruck 2 Heller kleiner Merkur nach links rot (nur für Inlandsversand) mit zweiteiligem Buchdruck- Aufdruck.
6 P	Ende Dezember 1916	12 	Kaiserkrone 1916, 3 Heller violett mit zweiteiligem Bdr.- Aufdruck (Rahmen+ Gültigkeitsdatum „Mitte Monat“ oder „Ende Monat“). Tarifzone B, ausschließlich Versand in das DR, Gewichtsstufe 1 bis 50 Gramm

1917 Punkte	Datum	Nummer Bild	Stempeltyp: Buchdruck-Vorausentwertung, Sonstiges
40 P	Ende Januar 1917	16a 	Zeitungsmarkeneindruck 2 Heller kleiner Merkur nach links rot (nur für Inlandsversand) mit zweiteiligem Buchdruck- Aufdruck.
6 P	Ende Januar 1917	12 	Kaiserkrone 1916, 3 Heller violett mit zweiteiligem Bdr.- Aufdruck (Rahmen+ Gültigkeitsdatum „Mitte Monat“ oder „Ende Monat“). Tarifzone B, ausschließlich Versand in das DR, Gewichtsstufe 1 bis 50 Gramm
40 P	Ende Februar 1917	16a 	Zeitungsmarkeneindruck 2 Heller kleiner Merkur nach links rot (nur für Inlandsversand) mit zweiteiligem Buchdruck- Aufdruck.
6 P	Ende Februar 1917	12 	Kaiserkrone 1916, 3 Heller violett mit zweiteiligem Bdr.- Aufdruck (Rahmen+ Gültigkeitsdatum „Mitte Monat“ oder „Ende Monat“). Tarifzone B, ausschließlich Versand in das DR, Gewichtsstufe 1 bis 50 Gramm
40 P	Ende März 1917	16a 	Zeitungsmarkeneindruck 2 Heller kleiner Merkur nach links rot (nur für Inlandsversand) mit zweiteiligem Buchdruck- Aufdruck.
6 P	Ende März 1917	12 	Kaiserkrone 1916, 3 Heller violett mit zweiteiligem Bdr.- Aufdruck (Rahmen+ Gültigkeitsdatum „Mitte Monat“ oder „Ende Monat“). Tarifzone B, ausschließlich Versand in das DR, Gewichtsstufe 1 bis 50 Gramm
40 P	Ende April 1917	16a 	Zeitungsmarkeneindruck 2 Heller kleiner Merkur nach links rot (nur für Inlandsversand) mit zweiteiligem Buchdruck- Aufdruck.
6 P	Ende April 1917	12 	Kaiserkrone 1916, 3 Heller violett mit zweiteiligem Bdr.- Aufdruck (Rahmen+ Gültigkeitsdatum „Mitte Monat“ oder „Ende Monat“). Tarifzone B, ausschließlich Versand in das DR, Gewichtsstufe 1 bis 50 Gramm

40 P	Ende Mai 1917	16a 	Zeitungsmarkeneindruck 2 Heller kleiner Merkur nach links rot (nur für Inlandsversand) mit zweiteiligem Buchdruck- Aufdruck.
6 P	Ende Mai 1917	12 	Kaiserkrone 1916, 3 Heller violett mit zweiteiligem Bdr.- Aufdruck (Rahmen+ Gültigkeitsdatum „Mitte Monat“ oder „Ende Monat“). Tarifzone B, ausschließlich Versand in das DR, Gewichtsstufe 1 bis 50 Gramm
40 P	Ende Juni 1917 Symbolabb.	16a 	Zeitungsmarkeneindruck 2 Heller kleiner Merkur nach links rot (nur für Inlandsversand) mit zweiteiligem Buchdruck- Aufdruck.
6 P	Ende Juni 1917	12 	Kaiserkrone 1916, 3 Heller violett mit zweiteiligem Bdr.- Aufdruck (Rahmen+ Gültigkeitsdatum „Mitte Monat“ oder „Ende Monat“). Tarifzone B, ausschließlich Versand in das DR, Gewichtsstufe 1 bis 50 Gramm
40 P	Ende Juli 1917	16a 	Zeitungsmarkeneindruck 2 Heller Merkur nach links rot; nur für den Inlandsversand. Abbildung dieses Streifbands mit Leitzettel siehe Kapitel „Abbildungen ad 5.3.3. Thema Leitzettel (Österreich- Inland)“
6 P	Ende Juli 1917	12 	Kaiserkrone 1916, 3 Heller violett mit zweiteiligem Bdr.- Aufdruck (Rahmen+ Gültigkeitsdatum „Mitte Monat“ oder „Ende Monat“). Tarifzone B, ausschließlich Versand in das DR, Gewichtsstufe 1 bis 50 Gramm
40 P	Ende August 1917 Symbolabb.	16a 	Zeitungsmarkeneindruck 2 Heller kleiner Merkur nach links rot (nur für Inlandsversand) mit zweiteiligem Buchdruck- Aufdruck.
6 P	Ende August 1917	12 	Kaiserkrone 1916, 3 Heller violett mit zweiteiligem Bdr.- Aufdruck (Rahmen+ Gültigkeitsdatum „Mitte Monat“ oder „Ende Monat“). Tarifzone B, ausschließlich Versand in das DR, Gewichtsstufe 1 bis 50 Gramm
40 P	Ende September 1917	16a 	Zeitungsmarkeneindruck 2 Heller kleiner Merkur nach links rot (nur für Inlandsversand) mit zweiteiligem Buchdruck- Aufdruck.

6 P	Ende September 1917	12 	Kaiserkrone 1916, 3 Heller violett mit zweiteiligem Bdr.- Aufdruck (Rahmen+ Gültigkeitsdatum „Mitte Monat“ oder „Ende Monat“). Tarifzone B, ausschließlich Versand in das DR, Gewichtsstufe 1 bis 50 Gramm
40 P	Ende Oktober 1917	16a 	Zeitungsmarkeneindruck 2 Heller kleiner Merkur nach links rot (nur für Inlandsversand) mit zweiteiligem Buchdruck- Aufdruck.
6 P	Ende Oktober 1917	12 	Kaiserkrone 1916, 3 Heller violett mit zweiteiligem Bdr.- Aufdruck (Rahmen+ Gültigkeitsdatum „Mitte Monat“ oder „Ende Monat“). Tarifzone B, ausschließlich Versand in das DR, Gewichtsstufe 1 bis 50 Gramm
40 P	Ende November 1917	16a 	Zeitungsmarkeneindruck 2 Heller kleiner Merkur nach links rot (nur für Inlandsversand) mit zweiteiligem Buchdruck- Aufdruck.
6 P	Ende November 1917	12 	Kaiserkrone 1916, 3 Heller violett mit zweiteiligem Bdr.- Aufdruck (Rahmen+ Gültigkeitsdatum „Mitte Monat“ oder „Ende Monat“). Tarifzone B, ausschließlich Versand in das DR, Gewichtsstufe 1 bis 50 Gramm
6 P	Ende Dezember 1917	12 	Kaiserkrone 1916, 3 Heller violett mit zweiteiligem Bdr.- Aufdruck (Rahmen+ Gültigkeitsdatum „Mitte Monat“ oder „Ende Monat“). Tarifzone B, ausschließlich Versand in das DR, Gewichtsstufe 1 bis 50 Gramm

1918 Punkte	Datum	Nummer Bild	Stempeltyp: Buchdruck-Vorausentwertung, Sonstiges
70 P	vermutlich ab Jänner 1918	16b 	Streifband 16a mit einteiligem Buchdruck-Aufdruck (nur Rahmen, ohne Datum). Möglicherweise Fehl- oder Probedruck oder variabler Joker. Siehe auch 4.3.1. „Provisorien & Einschubausgaben der Periode III. In Verwendung vermutlich 1918- 31.12.1919
6 P	Ende Januar 1918	12 	Kaiserkrone 1916, 3 Heller violett mit zweiteiligem Bdr.- Aufdruck (Rahmen+ Gültigkeitsdatum „Mitte Monat" oder „Ende Monat"). Tarifzone B, ausschließlich Versand in das DR, Gewichtsstufe 1 bis 50 Gramm
6 P	Ende Februar 1918	12 	Kaiserkrone 1916, 3 Heller violett mit zweiteiligem Bdr.- Aufdruck (Rahmen+ Gültigkeitsdatum „Mitte Monat" oder „Ende Monat"). Tarifzone B, ausschließlich Versand in das DR, Gewichtsstufe 1 bis 50 Gramm
6 P	Ende März 1918	12 	Kaiserkrone 1916, 3 Heller violett mit zweiteiligem Bdr.- Aufdruck (Rahmen+ Gültigkeitsdatum „Mitte Monat" oder „Ende Monat"). Tarifzone B, ausschließlich Versand in das DR, Gewichtsstufe 1 bis 50 Gramm
6 P	Ende April 1918	12 	Kaiserkrone 1916, 3 Heller violett mit zweiteiligem Bdr.- Aufdruck (Rahmen+ Gültigkeitsdatum „Mitte Monat" oder „Ende Monat"). Tarifzone B, ausschließlich Versand in das DR, Gewichtsstufe 1 bis 50 Gramm
6 P	Ende Mai 1918	12 	Kaiserkrone 1916, 3 Heller violett mit zweiteiligem Bdr.- Aufdruck (Rahmen+ Gültigkeitsdatum „Mitte Monat" oder „Ende Monat"). Tarifzone B, ausschließlich Versand in das DR, Gewichtsstufe 1 bis 50 Gramm
6 P	Ende Juni 1918	12 	Kaiserkrone 1916, 3 Heller violett mit zweiteiligem Bdr.- Aufdruck (Rahmen+ Gültigkeitsdatum „Mitte Monat" oder „Ende Monat"). Tarifzone B, ausschließlich Versand in das DR, Gewichtsstufe 1 bis 50 Gramm
6 P	Ende Juli 1918	12 	Kaiserkrone 1916, 3 Heller violett mit zweiteiligem Bdr.- Aufdruck (Rahmen+ Gültigkeitsdatum „Mitte Monat" oder „Ende Monat"). Tarifzone B, ausschließlich Versand in das DR, Gewichtsstufe 1 bis 50 Gramm

12 P

Ende
August
1918

12

Letzttag dieser Streifbandausgabe die von Ende Oktober 1916 bis Ende August für den Versand in das DR verwendet wurde. Die Versandgebühr wird inflationsbedingt auf 5 H erhöht.

12 P

Ende
September
1918

13

Ersttag von Streifband 13 nach der Portoerhöhung von 3 auf 5 Heller für den Streifbandversand in die Tarifzone B, DR, 1. Gewichtsstufe bis 50 gr.

6 P

Ende
Oktober
1918
Symbolabb.

13

Streifband 13, Kaiserkrone 5 Heller für den Streifbandversand in die Tarifzone B, DR, 1. Gewichtsstufe bis 50 Gramm.

11.11.1918: Kriegsende; ab hier gelten die angeführten Portosätze gemäß Portoperioden lt. **Kapiteln 5.0. ff „Postgebühren, Tarife & -Eigenheiten“** es kommen neben dem DR auch Sondertarife nach Bayern, Württemberg, Ungarn und Bosnien zur Anwendung.

6 P

Ende
November
1918

13

Streifband 13, Kaiserkrone 5 Heller für den Streifbandversand in die Tarifzone B, DR, 1. Gewichtsstufe bis 50 Gramm.

6 P

Ende
Dezember
1918

13

Streifband 13, Kaiserkrone 5 Heller für den Streifbandversand in die Tarifzone B, DR, 1. Gewichtsstufe bis 50 Gramm.

1919 Punkte	Datum	Nummer Bild	Stempeltyp: Buchdruck-Vorausentwertung, Sonstiges
6 P	Ende Januar 1919	13 	Streifband 13, Kaiserkrone 5 Heller für den Streifbandversand in die Tarifzone B, DR, 1. Gewichtsstufe bis 50 Gramm.
6 P	Ende Februar 1919	13 	Streifband 13, Kaiserkrone 5 Heller für den Streifbandversand in die Tarifzone B, DR, 1. Gewichtsstufe bis 50 Gramm.
6 P	Ende März 1919	13 	Streifband 13, Kaiserkrone 5 Heller für den Streifbandversand in die Tarifzone B, DR, 1. Gewichtsstufe bis 50 Gramm.
6 P	Ende April 1919 Symbolabb.	13 	Streifband 13, Kaiserkrone 5 Heller für den Streifbandversand in die Tarifzone B, DR, 1. Gewichtsstufe bis 50 Gramm.
6 P	Ende Mai 1919 Symbolabb.	13 	Streifband 13, Kaiserkrone 5 Heller für den Streifbandversand in die Tarifzone B, DR, 1. Gewichtsstufe bis 50 Gramm.
6 P	Ende Juni 1919	13 	Streifband 13, Kaiserkrone 5 Heller für den Streifbandversand in die Tarifzone B, DR, 1. Gewichtsstufe bis 50 Gramm. Aufdruck auch bekannt mit fehlendem Rahmen, Abbildung siehe Kapitel 9. Druckzufälligkeiten!
6 P	Ende Juli 1919	13 	Streifband 13, Kaiserkrone 5 Heller für den Streifbandversand in die Tarifzone B, DR, 1. Gewichtsstufe bis 50 Gramm.
6 P	Ende August 1919	13 	Streifband 13, Kaiserkrone 5 Heller für den Streifbandversand in die Tarifzone B, DR, 1. Gewichtsstufe bis 50 Gramm.

6 P	Ende September 1919 Symbolabb.	13 	Streifband 13, Kaiserkrone 5 Heller für den Streifbandversand in die Tarifzone B, DR, 1. Gewichtsstufe bis 50 Gramm.
6 P	Ende Oktober 1919	13 	Streifband 13, Kaiserkrone 5 Heller für den Streifbandversand in die Tarifzone B, DR, 1. Gewichtsstufe bis 50 Gramm.
12 P	Ende November 1919 Symbolabb.	13 	**Letzttag** der Ausgabe dieses Klischees, zugleich letzte Ausgabe dieses Buchdruck- Aufdrucks mit Monatsangabe (alle folgenden aus 1919-1922 ohne Monatsangabe)

1919 DÖAV- Periode IV vom 01.12.1919-28.02.1922: „Buchdruck-Leerstempel“ als Vorausentwertung

1920-1921	**Datum**	**Nummer Bild**	**Stempeltyp: Buchdruck-Vorausentwertung, Sonstiges**
20 P	15.1. -14.4. 1920	17 	5 H Kaiserkrone grün und 5 H Wappen grau, für Auslandsversand zum Inlandstarif nach D, HU, Bosnien der Infla- Periode 2 vom 15.1.-14.4.1920
40 P	01.01.1920-30.06.1920	18 	Zeitungswertstempel Merkur 2 H von vorne, rot, für den Inlandsversand einer Zeitung zum gewichtsunabhängigen Stücktarif.
40 P	01.07.1920-31.03.1921	19 	Zeitungswertstempel Merkur 2 H von vorne, grünblau, für den Inlandsversand.
60 P	01.04.1921-30.09.1921	20 	Zeitungswertstempel Merkur 9 H von vorne, gelb, für den Inlandsversand.

80 P	01.10.1921- 31.12.1921	21 	Zeitungswertstempel Merkur 18 H von vorne, blaugrün, für den Inlandsversand.
40 P	15.1.1920- 14.4.1920	22 	10 H ziegelrot Wappen schmal, für Auslandsversand zum Inlandstarif nach Deutschland, Ungarn, Bosnien. Infla-Portoperiode 2.
12 P	15.4.1920- 31.1.1921	23a 	20 Heller dunkelgrün Wappen schmal, für Auslandsversand zum Inlandstarif nach Deutschland, Ungarn, Bosnien. Infla-Portoperiode 3.
12 P	15.4.1920- 31.1.1921	23b 	20 Heller hellgrün Wappen schmal, für Auslandsversand zum Inlandstarif nach Deutschland, Ungarn, Bosnien. Infla-Portoperiode 3.
12 P	1.2.1921- 31.7.1921	24 	40 Heller rot Wappen schmal, für Auslandsversand zum begünstigten Inlandstarif nach Deutschland, Ungarn, Bosnien. Infla-Portoperiode 4.
600 P	1.2.1921- 31.7.1921	25 	1 Kronen Wappen breit dunkelbraun, zum nichtbegünstigten Auslandsversand Infla-Portoperiode 4. RRR.
25 P	1.12.1921- 30.4.1922	26 	2 Kronen Wappen breit hellblau, für begünstigten Auslandsversand zum Inlandstarif (nur 2 K statt 5 K !) nach DR, Ungarn, Bosnien. Infla-Portoperiode 6.
1922			
300 P	01.01.1922- 28.02.1922	27 	Der eingedruckte 45 H- Wert, ohne dem DÖAV- Buchdruck- Vorausentwertungs-Aufdruck, liegt als nachweisliche DÖAV-Verwendung mit AK von Linz vor, leider mit unleserlichem Datum.

1922-1928 **DÖAV- Periode V vom 01.03.1922- 31.01.1928: „Barfreimachung V.b.b.“**

Das Ende der Zeitungsmarken. Ab dem 01.03.1922 gilt Barfreimachung für sämtliche Zeitungspoststücke, jeweils mit Vermerk V.b.b.= Verleger bar bezahlt. Die Poststücke werden weder beim Aufgabe- noch beim Empfängerpostamt gestempelt und sind daher zeitlich nicht zuzuordnen (jedenfalls nicht anhand eines Poststempels) und können in der chronologischen Aufstellung nicht berücksichtigt werden da diese keine Ganzsachen im Sinne dieser Registrierung sind.

1928-1938 **DÖAV- Periode VI vom 01.02.1928- 31.12.1938 „Buchdruck- Vorausentwertungsstempel rot“**

Buchdruckausgabe (kein Freistempler!), verwendet bis zum Ende der ersten Republik und Beginn der Ostmarkzeit.
Roter Wertaufdruck mit Klischee ähnlich den ab ca. 1922 aufkommenden amtlichen Freistempeln, links daneben runder Vorausentwertungsstempel nur mit Monatsangabe.

Punkte 1928		Nummer	Abbildung	
80 P	Februar 1928	Nr. 28		
80 P	März 1928	Nr. 28		
80 P	April 1928	Nr. 28		Symbolbild
80 P	Mai 1928	Nr. 28		Symbolbild
80 P	Juni 1928	Nr. 28		Symbolbild

80 P Juli 1928 Nr. 28

80 P August 1928 Nr. 28

80 P September 1928 Nr. 28

400 P Oktober 1928 Nr. 30

Der 8 Groschen- Wert ist lediglich vom Oktober 1928 und Dezember 1933 bekannt

80 P November 1928 Nr. 28

80 P Dezember 1928 Nr. 28

Symbolbild

1929

80 P Jänner 1929 Nr. 28

80 P Februar 1929 Nr. 28

Symbolbild

80 P März 1929 Nr. 28

80 P April 1929 Nr. 28

80 P Mai 1929 Nr. 28

Symbolbild

80 P Juni 1929 Nr. 28

Symbolbild

80 P Juli 1929 Nr. 28

Symbolbild

80 P August 1929 Nr. 28

Symbolbild

80 P Oktober 1929 Nr. 28

Symbolbild

80 P Dezember 1929 Nr. 28

Symbolbild

1930

80 P Jänner 1930 Nr. 28

Symbolbild

80 P Februar 1930 Nr. 28

80 P März 1930 Nr. 28

Symbolbild

80 P April 1930 Nr. 28

Symbolbild

80 P Mai 1930 Nr. 28

Symbolbild

80 P Juni 1930 Nr. 28

Symbolbild

80 P Juli 1930 Nr. 28

Symbolbild

80 P August 1930 Nr. 28

Symbolbild

80 P September 1930 Nr. 28

Symbolbild

80 P Oktober 1930 Nr. 28

80 P November 1930 Nr. 28

Symbolbild

80 P Dezember 1930 Nr. 28

Symbolbild

1931

80 P Jänner 1931 Nr. 28

Symbolbild

80 P März 1931 Nr. 28

Symbolbild

80 P April 1931 Nr. 28

Symbolbild

80 P Juni 1931 Nr. 28

80 P Juli 1931 Nr. 28

Symbolbild

80 P August 1931 Nr. 28

80 P September 1931 Nr. 28

Symbolbild

80 P Oktober 1931 Nr. 28

Symbolbild

80 P November 1931 Nr. 28

Symbolbild

80 P Dezember 1931 Nr. 28

Symbolbild

1932

80 P Jänner 1932 Nr. 28

Symbolbild

80 P Februar 1932 Nr. 28

Absenderadresse „Der Bergsteiger"

80 P März 1932 Nr. 28

Symbolbild

80 P Mai 1932 Nr. 28

Symbolbild

80 P Juni 1932 Nr. 28

Symbolbild

80 P Juli 1932 Nr. 28

Symbolbild

80 P September 1932 Nr. 28

Absenderstempel: „Der Bergsteiger“

80 P Oktober 1932 Nr. 28

Symbolbild

80 P November 1932 Nr. 28

Symbolbild

80 P Dezember 1932 Nr. 28

Symbolbild

1933

80 P Jänner 1933 Nr. 28

Symbolbild

80 P Februar 1933 Nr. 28

Symbolbild

80 P März 1933 Nr. 28

Symbolbild

80 P April 1933 Nr. 28

Symbolbild

80 P Mai 1933 Nr. 28

Symbolbild

80 P Juni 1933 Nr. 28

Symbolbild

80 P Juli 1933 Nr. 28

Symbolbild

80 P August 1933 Nr. 28

Symbolbild

80 P September 1933 Nr. 28

Symbolbild

80 P Oktober 1933 Nr. 28

80 P November 1933 Nr. 28

Symbolbild

400 P Dezember 1933 Nr. 30

Der 8 Groschen- Wert ist lediglich vom Oktober 1928 und Dezember 1933 bekannt

1934

80 P Jänner 1934 Nr. 28

Symbolbild

80 P Februar 1934 Nr. 28

Symbolbild

80 P März 1934 Nr. 28

Symbolbild

80 P April 1934 Nr. 28

Symbolbild

80 P Mai 1934 Nr. 28

Symbolbild

80 P Juni 1934 Nr. 28

Symbolbild

80 P August 1934 Nr. 28

Symbolbild

80 P September 1934 Nr. 28

80 P Oktober 1934 Nr. 28

Symbolbild

80 P November 1934 Nr. 28

Symbolbild

80 P Dezember 1934 Nr. 28

1935

80 P Jänner 1935 Nr. 28

Symbolbild

80 P Februar 1935 Nr. 28

Symbolbild

80 P März 1935 Nr. 28

Symbolbild

80 P April 1935 Nr. 28

Symbolbild

80 P Mai 1935 Nr. 28

Symbolbild

80 P Juni 1935 Nr. 28

Symbolbild

80 P Juli 1935 Nr. 28

80 P August 1935 Nr. 28

Symbolbild

80 P September 1935 Nr. 28

Symbolbild

80 P Oktober 1935 Nr. 28

Symbolbild

80 P November 1935 Nr. 28

80 P Dezember 1935 Nr. 28

Symbolbild

1936

LP ! April 1936 Nr. 31

Einzig bekanntes Ausgabedatum der 10 Groschen Buchdruck- Schleife, RRR !

80 P Mai 1936 Nr. 28

Symbolbild

80 P Juni 1936 Nr. 28

Symbolbild

400 P Juni 1936 Nr. 29

Anm. die 5 Gr Buchdruck ist nur von Juni 1936 und September 1936 bekannt

80 P August 1936 Nr. 28

Symbolbild

400 P September 1936 Nr. 29

Anm. die 5 Gr Buchdruck ist nur von Juni 1936 und September 1936 bekannt

80 P Oktober 1936 Nr. 28

Symbolbild

80 P November 1936 Nr. 28

Symbolbild

80 P Dezember 1936 Nr. 28

Symbolbild

1937

80 P März 1937 Nr. 28

Symbolbild

80 P April 1937 Nr. 28

Symbolbild

80 P Mai 1937 Nr. 28

Symbolbild

80 P Juni 1937 Nr. 28

Symbolbild

80 P Juli 1937 Nr. 28

Symbolbild

80 P August 1937 Nr. 28

Symbolbild

80 P September 1937 Nr. 28

Symbolbild

80 P November 1937 Nr. 28

80 P Dezember 1937 Nr. 28

Symbolbild

1938

80 P Jänner 1938 Nr. 28

80 P Februar 1938 Nr. 28

Symbolbild

80 P März 1938 Nr. 28

Symbolbild

80 P April 1938 Nr. 28

Symbolbild

80 P Mai 1938 Nr. 28

80 P Juni 1938 Nr. 28

120 P Juli 1938 Nr. 28

Letzttag
vor der Reichsmark-Währungsumstellung

Streifband „Juli 1938" liegt dem Verfasser stets mit Zusatzfrankatur 3 Rpf Hindenburg vor, 15 WIEN 101 *11g* am 22.VII.38. 18. Bewertung der Währungs- MiF 120 Punkte. Abb. Kapitel 4.6. und 5.4.1.

400 P August 1938 Nr. 32

Symbolscan

Beim 4 Groschen- Wert wird ÖSTERREICH“ durch „DEUTSCHE“ und „GROSCHEN“ durch „REICHSPOST“ ersetzt

400 P September 1938 Nr. 32

400 P Oktober 1938 Nr. 32

Symbolscan

400 P November 1938 Nr. 32

400 P Dezember 1938 Nr. 32

Symbolscan

Diese Ausgabe ist die letzte an dieser Stelle behandelte Streifbandausgabe.

8.
Destinationen, das Sammeln nach Zielländern

8.1. Deutsches Reich Tarifstufe B
8.2. K.u.k. Monarchie, Republik Österreich Tarifstufe A
8.2.1. Begünstigter Zeitungspostverkehr in Nachfolgestaaten
8.3. Sämtliche andere Länder Tarifstufe C

Ich erwähne vorab die mitgliederreichsten Länder des Alpenvereins, das Deutsche Reich und die österreichische k.u.k. Monarchie. Es liegen vereinzelt Streifbänder in deutsche Übersee-gebiete vor, es sind dies zu dem damaligen Zeitpunkt Kolonialgebiete, dem Deutschen Reich zugehörig.
Ganz ähnlich die Situation Österreichs. Beachten wir das bald nach dem Waffenstillstand viele der ehemals österreichisch-ungarischen Gebiete nunmehr als „Ausland“, postalisch als Auslandsdestinationen, gelten.

Danach, alphabetisch geordnet nach Empfängerland, einige der aktuell vorliegenden Versandschleifen, die zumeist in europäische Länder (ohne Deutsches Reich) befördert werden.

Die Seltenheit der jeweiligen Zielländer kann als Äquivalent entsprechend den damaligen Mitgliederzahlen des Alpenvereins mit seinen zahlreichen Mitgliedssektionen betrachtet werden. Die absolute Anzahl heute noch existenter DÖAV- Schleifen muss unter dem Gesichtspunkt betrachtet werden, dass das Sammeln, Archivieren und Aufheben dieser Ganzsachenart nie in Mode gekommen sind. So finden Ganzsachenbelege in Deutschland und Österreich erst ab den 1960er Jahren Ihre große Anhängerschaft unter den Sammlern.

8.1. Deutsches Reich Tarifstufe B

Der Großteil aller vorkommenden und noch erhaltenen Alpenvereinsschleifen wird in das Deutsche Reich versendet, jenem Land mit den meisten DÖAV- Vereinsmitgliedern. Derartige Schleifen gelten als Massensendungen und sind auch heute noch reichlich am Markt ums kleine Geld verfügbar, oftmals in durchgehenden Datumsreihen von Mitte Januar- Ende Dezember der jeweiligen Abo-Bezugsjahre des identen Empfängers.
Behilflich bei der Bestimmung der Seltenheit mancher Destinationen ist Beobachtung und Auswertung der heute noch vorliegenden DÖAV-Mitgliederstatistiken aus dem Archiv des Alpenvereins. Da fast jedes Vereinsmitglied in den meisten Jahren des Bestehens des Alpenvereins automatisch per Post mit den kostenlosen Mitteilungsblättern versorgt wird sind die Auflagen der versandten Streifbänder entsprechend hoch.

Alle anderen als in das unmittelbare Zielland Deutsches Reich bzw. Deutschlands in den heutigen Landesgrenzen beförderte Alpenvereins-Streifbänder sind bereits selten vorkommende Destinationen. Auch sind Streifbänder des Alpenvereins die in die deutsche Kolonien befördert werden rar und zählen naturgemäß zu den spektakulärsten Stücken einer Ganzsachensammlung- einige davon sind hier abgebildet. Der Wert derartiger Kolonial- Streifbänder: 50- 100 Punkte bzw. LP.

Streifbänder wiederum die in die ehemals deutschen Ostgebiete wie Danzig, Pommern, Schlesien, u.a. oder Westgebiete wie dem Elsass befördert sind gelten als interessant für geschichtsbewusste Sammler, die auch die Vor- und Mitläuferausgaben ihres Landes in die Sammlung einbeziehen. Der Wert derartiger Streifbänder: 40- 60 Punkte bzw. LP.

Es lohnt sich somit die aufmerksame Beschäftigung mit vermeintlicher Massenware aus Wühlkisten unter den häufigen „deutschen" DÖAV-Streifbändern. Manche Streifbandfunde stellen allemal ein mahnend-lehrreiches Kapitel unserer historischen Vergangenheit dar. Ich bringe hier eine Aufzählung, ohne Anspruch auf Vollständigkeit, nach welchen Kriterien attraktiver Sammlungsaufbau nach Gebieten zielführend ist.

Deutsches Reich-Danzig
ist in den Jahren zwischen 1814 und dem Versailler Vertrag vom 10.01.1920 Teil des Deutschen Reichs als Hauptstadt der Provinz Westpreußen; somit keine separat zu behandelte Auslandsdestination vom Standpunkt der Streifband- Versandbestimmungen Österreichs. Das Streifband unterliegt dem Drucksachenportotarif ins Deutsche Reich, im abgebildeten Fall der ersten Gebührenstufe bis 50 Gramm.

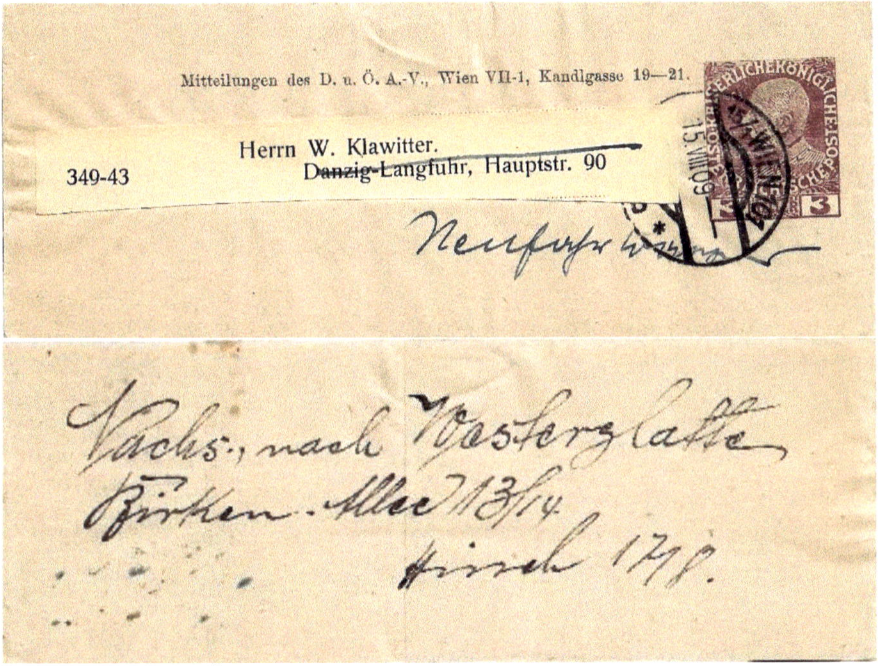

Wien 15.VIII.1909, DÖAV- Streifband nach Danzig zum öst. Inlandsdrucksachenporto ins Deutsche Reich befördert, dort mit Weiterleitungsvermerk auf der Vorder- und Rückseite versehen. Attraktiver Weiterleitungs- Beleg auch für den Danzig- Spezialisten.

Deutsches Reich- Elsass
Es liegen Schleifen, adressiert nach Elsass (Straßburg), vor. Elsass-Lothringen ist von 1891- 1919 Verwaltungsgebiet des Deutschen Reiches. Die abgebildete Zeitungsschleife aus 1907 ist somit eine DR-Destination, die dem Deutschen Kaiser untersteht.

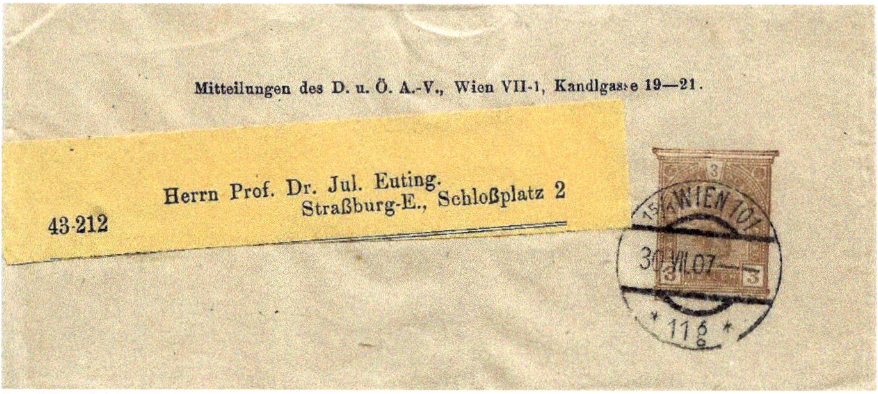

Streifband 30.VII.07, nach Straßburg (heute Frankreich) zum Drucksachentarif der ersten Gewichtsstufe (bis 50 gr) ins DR.

Deutsches Reich-Ostpreußen
Die Abbildung zeigt einen Schleifenbeleg der 1906 ins preußische Königsberg befördert wird. Die Geschichte der Hauptstadt dieser preußischen Provinz Ostpreußen endet jäh mit dem Kriegsende 1945. Königsberg, nunmehr Kaliningrad, liegt heute in Russland.

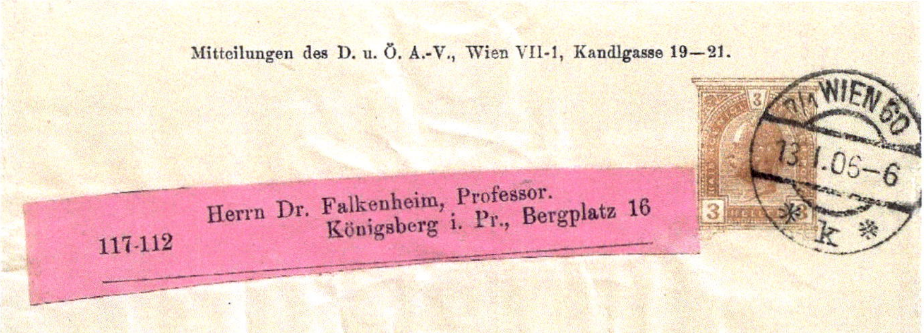

Zeitungsschleife des Alpenvereins am 13.I.1906 zum privilegierten Zeitungstarif ins Deutsche Reich befördert. Die Königsberger Anschrift Bergplatz wird später, 1933, durch die Nationalsozialisten, auf „Schiefer Berg“ umbenannt.

Deutsches Reich-Pommern
Zeitungsschleifen, die in den Jahren bis 1945 in Gebiete Pommerns versandt werden, sind nicht zum Weltpostvereinsporto, sondern zum deutschen Tarif zu befördern. Die Abbildungen zeigen zwei Schleifen aus 1911 und 1917, jeweils befördert in die damalig deutschen Ostgebiete die heute Polen (Westpommern) zugehörig sind.

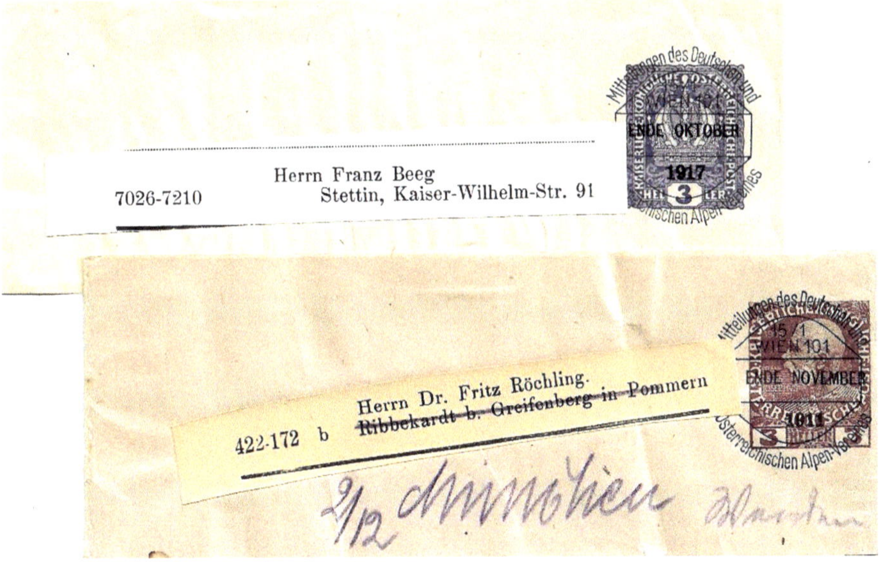

Deutsches Reich-Schlesien
Die Großstadt Breslau, heute Wrocław, liegt an der Oder und ist bis ins Jahr 1945 dem Deutschen Reich zugehörig. Die abgebildete Zeitungsschleife wird Ende August 1911 von Wien, portorichtig als Streifband in Deutsches Hoheitsgebiet (heute Polen), versendet.

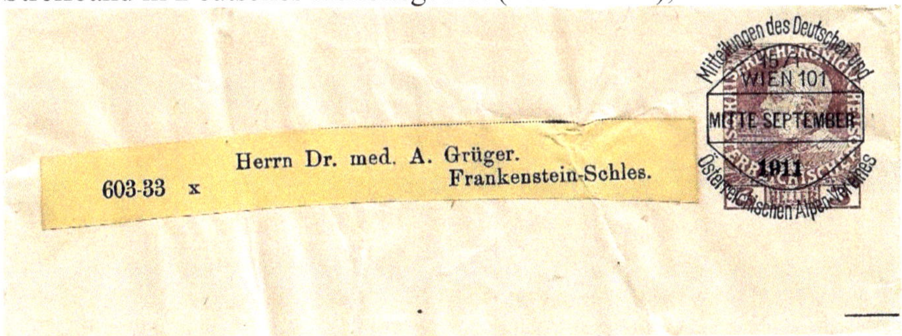

Deutsches Reich-Überseegebiet Kiautschou

Die Stadt Tsingtau ist die größte Stadt der dt Kolonie Kiautschou, somit auch postalisch Bestandteil des Deutschen Reichs. Daher kann auch dieser Beleg zum öst. Drucksachentarif ins Deutsche Kolonialreich befördert werden. Eindrucksvoller und äusserst seltener Beleg ist die hier abgebildete DÖAV-Schleife der 2. Gewichtsstufe 50-100 Gramm

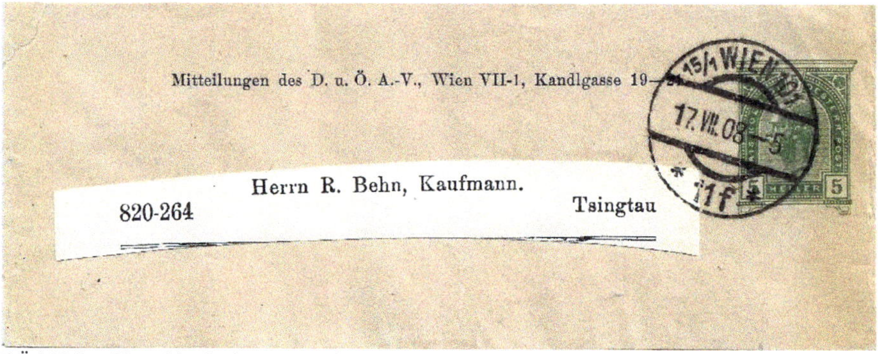

DÖAV-Streifband befördert von Wien 17.VII.08 in die Hafenstadt Tsingtau (heute: Qingdao, im Osten der heutigen Volksrepublik China gelegen) Ein seltener Beleg in die Tarifzone C.

Deutsches Reich-Überseegebiet Westsamoa

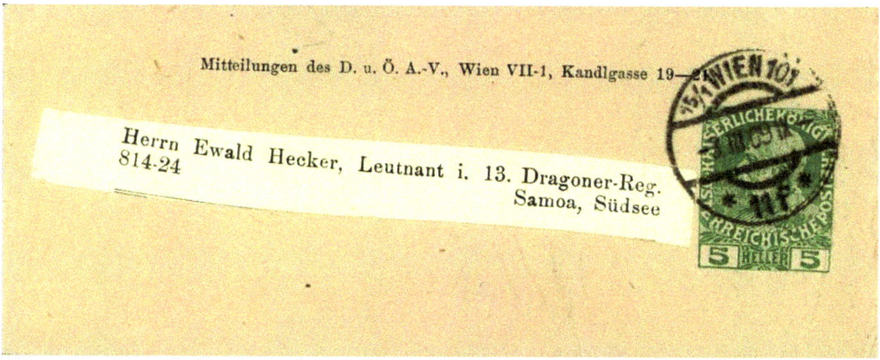

Westsamoa ist nach dem deutsch- amerikanisch- britischen Samoa- Abkommen ab 1.3.1900 bis 1914 deutsches Schutzgebiet. DÖAV-Drucksachenschleife Wien 3.III.1909, zweite Gewichtsstufe von 50-100 Gramm nach Samoa (heute: Polynesien). Details zum Empfänger Ewald Otto E. Hecker siehe Wikipedia. Tarifzone C. (Abbildung aus der Sammlung Kaußen).

Der Wert des Streifbandes nach Westsamoa? Punktewert nach diesem Katalog, wenn wir beim Stempeldatum 3.III.1909 nachsehen, sind nur 40 Punkte. Doch ist aufgrund der besonderen seltenen Südsee-Destination ein hoher Zuschlag zu rechtfertigen, LP! Siehe **Kapitel 7. „Haupttabelle DÖAV Streifbandversand nach Versanddatum“**

8.2.
K.u.k. Monarchie/ Republik Österreich, Tarifzone A

Die Inlandsschleifen Österreichs, also jene die mit Zeitungsbriefmarke oder Zeitungsmarken- Werteindruck (= private Streifbandganzsache) versehen werden sind datumsmäßig nur halbwegs vollständig zu dokumentieren, denn es handelt sich stets um Ankunftsstempel. In der gelisteten Datendokumentation ist daher das angegebene Datum stets als Ankunftsdatum, kurz „AK", zu betrachten.

Das Kapitel der DÖAV-Inlandsschleifen Österreichs stellt für den Buchverfasser trotz Akribie im Beschaffungswesen eine sammlerische Herausforderung dar. Sehr oft kann ich benötigte Abbildungen in der chronologischen Auflistung des Buchkapitels
7. „Haupttabelle DÖAV Streifbandversand nach Versanddatum"
lediglich als Symbolscan liefern. Oder eine bestimmte Datumsschleife ist aus alter Sammlerkorrespondenz zwar als existent bekannt, liegt mir aber nicht physisch vor. Es sind die DÖAV-Streifbänder, die ich für den chronologischen Sammlungsaufbau einer Datumssammlung dienen, letztendlich jene die seltensten die innerhalb der k.u.k.-österreichischen Monarchie befördert sind. Sie sind im Handel kaum existent. Grund dafür mögen auch die Heimatsammler sein, die die Nachfrage befeuern. So kann ich als Preisansatz von- bis- Wert der Inlandsschleifen von etwa 40 Punkten nennen der aber stark schwanken kann.

8.2.1.
Begünstigter Versand in Nachfolgestaaten

In manche Länder gelten beim Zeitungsversand begünstigte Tarifvoraussetzungen anstatt der allgemeinen Weltposttarifen. Während man in der 1. Republik tarifprivilegiert in das Deutsche Reich (bei höherer Gewichtsprogression) zum vergünstigten Auslandstarif für Drucksachen mit Freimarken frankiert gibt es auch Abkommen mit den Nachfolgestaaten der Monarchie.
Nach Ungarn bis 31.12.1921, Polen, Tschechoslowakei bis 14.03.1920 und den SHS- Staaten (vereinigtes Königreich aus Serbien, Kroatien und Slowenien) bis 31.01.1921, ebenso nach Südtirol bis 02.06.1920, gelten reduzierte Zeitungsgebühren der Republik Deutschösterreichs. Da es sich tariflich um Inlandsgebühren handelt werden Sendungen in diese Länder mit österreichischen Zeitungsmarken frankiert. Die werden

widmungsgemäß nicht bei Aufgabe, sondern erst beim Zielpostamt im jeweiligen Land gestempelt.
Auch nach Liechtenstein bis 31.01.1921, Bulgarien bis 22.10.1919, ins Saargebiet bis 18.08.1921, ins Memelgebiet bis 17.06.1923 und nach Danzig bis 30.06.1923 bzw. ab 15.05.1924 kann zu Inlandstarifen mit österreichischen Zeitungsmarken frankiert werden. Selbstredend dass es sich dabei oftmals um Frankaturspezialitäten handelt, die nur auf Auktionen angeboten werden,…

Österreich-Böhmen
Die Destination des heutigen Tschechischen Staatsgebietes ist früheres k.u.k.- Kronland, bedarf somit einer Inlands- Zeitungsmarkenfrankatur. So wie alle Inlandsfrankaturen der Monarchie kommen böhmische Destinationen fast ausschließlich in das meist deutschsprachige Sudetenland vor. Bewertung: DÖAV-Belege in das heutige Tschechien oder in die Slowakei 150 Punkte.

Österreich-Liechtenstein
Großer Unterschied zwischen den Mitteilungen, die in die Schweiz verschickt sind und jenen wenigen erhaltenen Schleifenbelegen, die in das kleine Liechtenstein befördert sind, ist der, dass Schleifen in die Schweiz mit Auslandsstreifband-Freimarkeneindrucken zu frankieren sind. DÖAV- Sendungen in das Fürstentum Liechtenstein welches unter österreichischer Postverwaltung steht sind mit österreichischen Zeitungsmarken bzw. deren -Wertzeicheneindruck freizumachen.
Bewertung Belege des DÖAV nach Liechtenstein 200 Punkte.

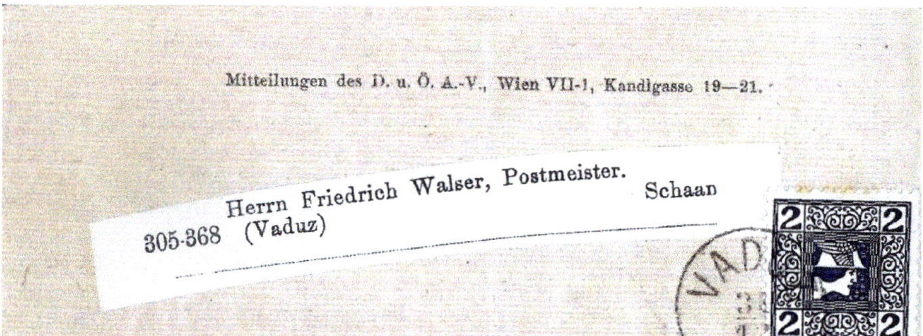

Wiedergabe eines mit der Zeitungsmarke ANK 157z frankierten DÖAV- Schleifenscans VADUZ 30.12.1911. C Dr. Ulrich Ferchenbauer 2008, Band III, Seite 418.

Österreich-Ungarn:
Bewertung DÖAV- Belege nach Ungarn: 300 Punkte

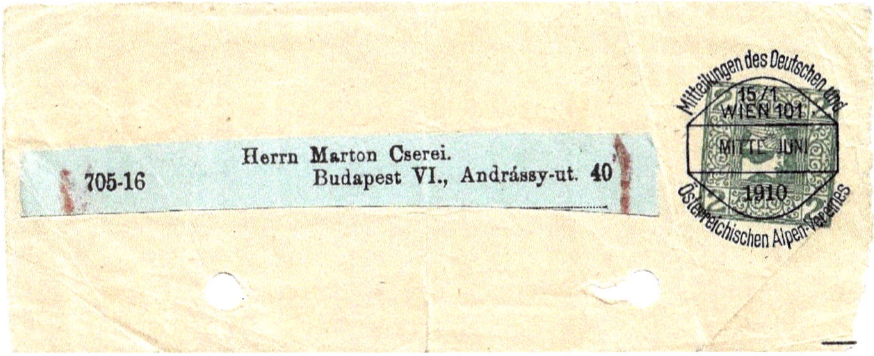

Streifband 14. Inneröstereichische Verwendung in das Kronland Ungarn „Mitte 1910" nach Budapest zum gängigen gewichtsunabhängigen (da „Stückgebühr") 2 Heller- Zeitungsporto. Leider nur als gelochte Schleifenvorderseite vorhanden.

Destinationen von Österreich- Polen, SHS- Länder, Rumänien, Ukraine sind dem Verfasser unbekannt. Bewertung, falls überhaupt existent, vorläufig 500 Punkte.

8.3.
Sämtliche andere Länder „Weltweit“- Tarifzone C

Belgien

Der Drucksachen- Portotarif für Weltpostvereins- Länder beträgt 5 Heller vom 01.01.1900-30.09.1916 bis zu einem Gewicht von 20 Gramm. Innerhalb diesem Zeitrahmens wird diese Schleife von Wien nach Antwerpen befördert. Manchmal werden die Versandschleifen des DÖAVs ohne Datum in der Mitte eingesetzt. Besagte Schleife Nr. 10d (50 Punkte) kommt vermutlich im Zeitraum Dezember 1913- Februar 1914 zur Verwendung, siehe auch **Kapitel 4.3.1. „Provisorien & Einschubsausgaben der Periode III“.**

England

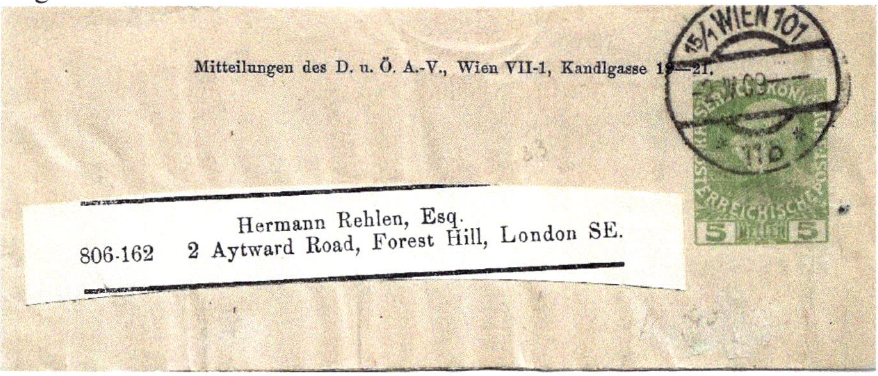

Destination England; Wien 2.IV.1909 nach London. Streifband Nr. 7- Freimachung 5 Heller, 1. Gewichtsstufe bis 20 Gr., Tarifzone C, 40 Punkte.

Griechenland

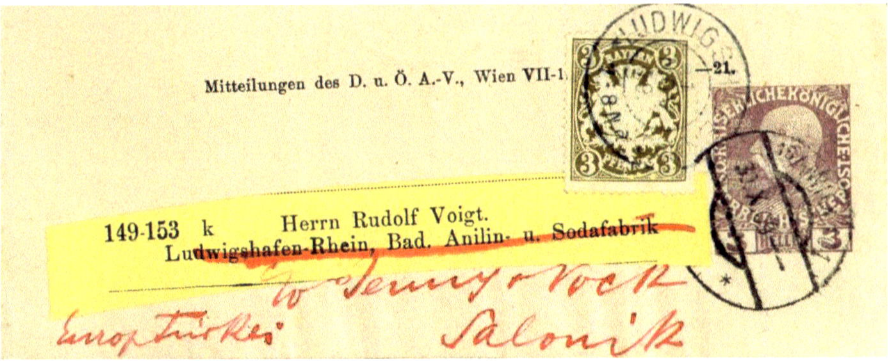

Die Abbildung zeigt einen Streifband- Weiterleitungsbeleg von D- Ludwigslust nach Saloniki, ein selten origineller Beleg gest. 30.X.09 aus dem Jahr 1909. Wert: LP

Italien

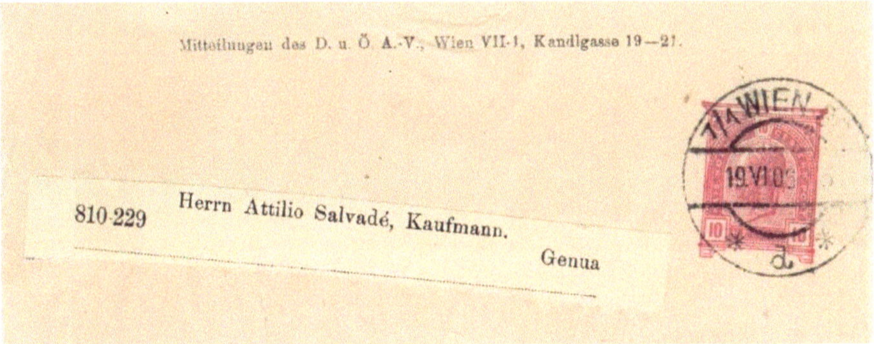

Seltene 10 Heller-Auslandsfrankatur (Streifband 5, 60 Punkte) vom 19.VI.06 nach Genua, Region Ligurien. Frankatur Tarifzone C, 2. Auslands-Gewichtsstufe (20-40 Gramm).

Norwegen

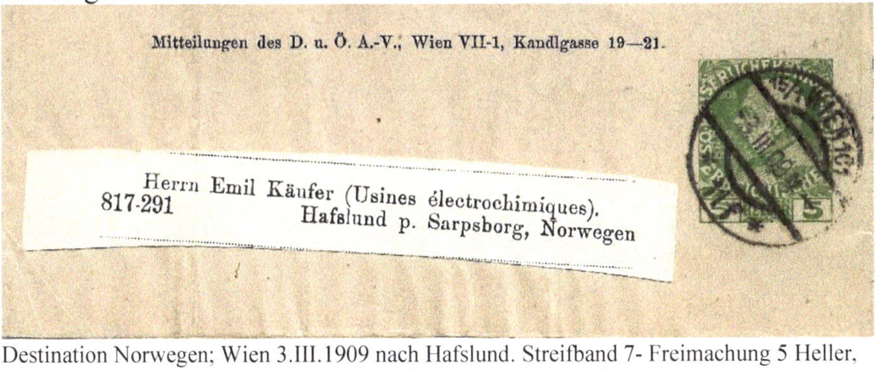

Destination Norwegen; Wien 3.III.1909 nach Hafslund. Streifband 7- Freimachung 5 Heller, entsprechend der ersten Gewichtsstufe bis 20 Gramm in die Tarifzone C.

Niederlande

Erstaunlich, dass es derart viele Freunde und Sammler der DÖAV-Schleifen in den Niederlanden gibt. Hervorzuheben sei an dieser Stelle Sammlerfreund Leenstra aus NL-8608 Sneek erwähnt. Sein Wissen und geschäftiges Zusammentragen der „hässlichen Schleifen“ haben mir vor langen Jahren den beträchtlichen Grundstock an Alpenvereins-Streifbändern beschert und erst mein Interesse an der Materie geweckt. Letztendlich überlässt er mir seine Sammlung für Studienzwecke. Ohne seine Startsammlung die mir seit Jahren als Betätigungsfeld dient würde es dieses Buch gar nicht geben.

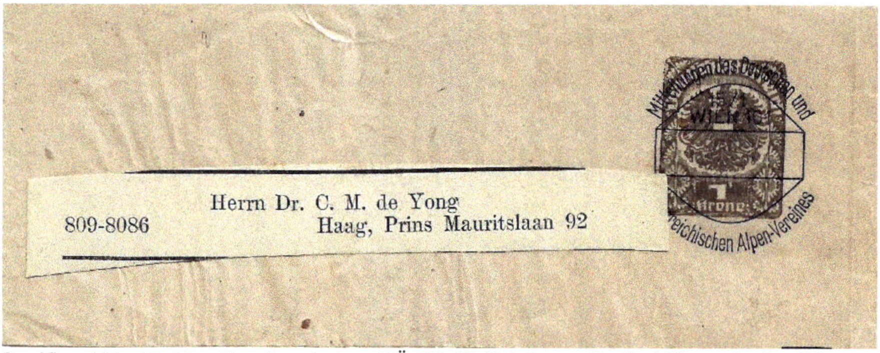

Streifband Nr. 25. Das Kronjuwel einer DÖAV- Kollektion stellt die 1 Krone breites Wappen aus dem Jahr 1922 dar. Versand in der Zeit vom 1.2.1921- 31.7.1921 (4. Infla- Portoperiode) ins nicht begünstigte Ausland Tarifzone C zum Weltposttarif! Diese Wertstufe ist in wenigen Exemplaren verfügbar. Eine weitere Schleife dieser Art ist im Katalog von Peter Kroiss, Belege der österreichischen Inflationszeit 1918-1925 abgebildet (Seite 189, Zielort Basel- auch die Schweiz ist keine portobegünstigte Auslandsdestination). Wert 600 Punkte!

Schweden

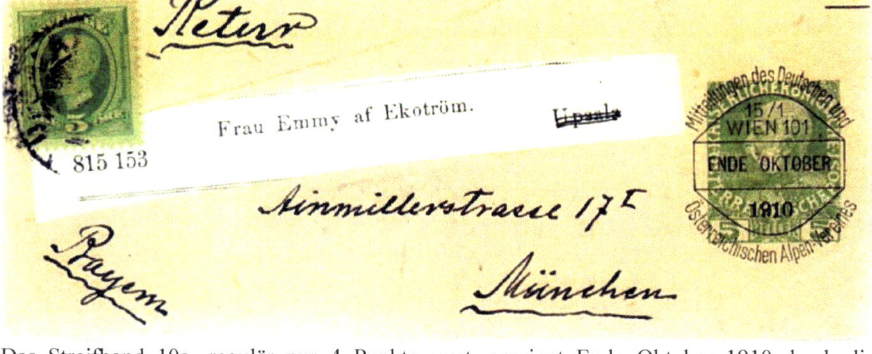

Das Streifband 10a, regulär nur 4 Punkte wert, gewinnt Ende Oktober 1910 durch die Destination Upsala wesentlich an Bedeutung. Dass von Schweden durch Zufrankatur ins Deutsche Reich nachgesendet wird macht die Schleife zusätzlich interessanter. 180 Punkte!

Schweiz

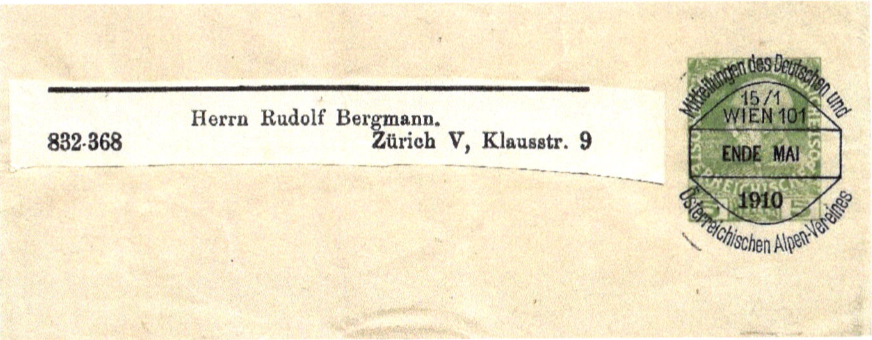

Nr. 10a, Auslandstarif der 1. Gewichtsstufe bis 20 gr., Ende Mai 1910, in die Tarifzone C nach Zürich befördert. 20 Punkte.

Weitere Auslandsdestinationen- Streifbänder bekannt nach Finnland und Südafrika!

Österreichisches Überseegebiet China
Der vorliegende Tarifzone C- Beleg nach China 1912 gibt Anlass zum geschichtlichen Exkurs zur wechselnden österreichisch-chinesischen Geschichte. Beginnend 1868 mit einer k.u.k. Expedition nach Ostasien kommt es 1869 zum Freundschafts-, Handels- und Schiffahrtsvertrag zwischen der österreichisch- ungarischen Monarchie und dem Kaiserreich China. Zweck der Vertragsunterzeichnung in Peking ist Kooperation in diplomatischen und wirtschaftlichen Agenden beider Länder. Die Ratifikationsdokumente werden 1871 anlässlich der Ostasienreise der k.u.k. Fregatte Fasana in Shanghai ausgetauscht. …
Fortsetzung nächste Seite!

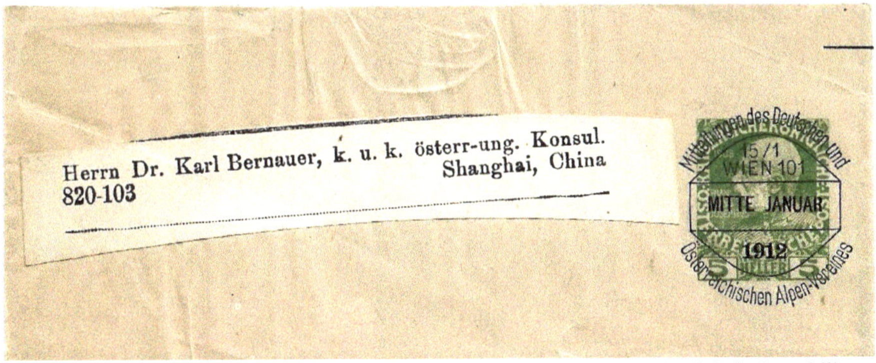

Ab Anfang 1912 geht das chinesische Kaiserreich zu Ende, am 1.1.1912 wird die Republik China ausgerufen. Aus „Mitte Januar 1912" stammt der hier gezeigte DÖAV- Beleg, adressiert an den damaligen k.u.k. Konsul Dr. Karl Bernauer in Shanghai. Katalognummer der Zeitungsschleife ist Nr. 10a, Punktewert: LP

Fortsetzung Österreichisches Überseegebiet China

Erster österreichischer Generalkonsul wird im Jahr 1871 Heinrich Graf Calice, zugleich als Ministerresident für das Kaiserreich China, das Kaiserreich Japan und für das Königreich Siam, tätig.

Um 1905 leben 160 Österreicher und Ungarn in Shanghai. Die k.u.k.-Interessen an China liegen vorwiegend im Export von Waren aus der Monarchie in das Kaiserreich China weshalb bald die entsprechenden Seefahrtsverbindungen durch den öst. Lloyd begründet werden. So entsteht 1891 die Verbindung Triest- Bombay- Hongkong-Shanghai. Die Laufzeit von Poststücken beträgt damals von Triest nach Shanghai 90 Tage, erst 1912 kommt es zur direkten Schnellverbindung übers Meer vom k.u.k. Hafen Triest nach Shanghai.

Die Präsenz ausländischer (Kolonial-)Mächte in China führt laufend zu Spannungen, die 1905 einen Höhepunkt erreichen. Zu Jahresende des Dezember 1905 kommt es zu fremdenfeindlichen Aufständen der lokalen Bevölkerung wodurch es zum Hilferuf des österreichischen Generalkonsuls an den Kreuzer „SMS Kaiser Franz Joseph“ kommt. Der Kreuzer trifft am 21.12. mitsamt Kriegsschiffen aus Italien, Großbritannien, Deutschland, Japan und den USA ein. So schützt das österreichische Militär das Generalkonsulat mit 62 Mann das k.u.k. Konsulat in Shanghai vor drohenden Übergriffen. Der Aufstand wird brutal niedergeschlagen.

Bei Kriegsausbruch 1914 flüchten sich drei k.u.k.-Lloyd-Dampfer in den neutralen Hafen von Shanghai. Doch am 14. August 1917 erklärt China Österreichisch-Ungarn den Krieg, beschlagnahmt deren drei Dampfer und kündigt den Freundschaftsvertrag auf. Es werden 73 österreichische Offiziere und Matrosen interniert. Am nächsten Tag schließt das Generalkonsulat in Shanghai und das Personal verlässt über die USA das Land.

Nach den Irrungen und Wirrungen der darauffolgenden Zeiten wird erst wieder im Jahr 1995 ein österreichischer Generalkonsul, Hofrat Anton Koppensteiner, in China eingesetzt.

9.0.
Sonstiges

9.1.
Druckzufälligkeiten

Nicht alles ist aufgedeckt, erforscht und bekannt. Ich stelle hier einige „Achteckige Eier“ vor, um in einigen wenigen Beispielen zu zeigen, was alles möglich ist. Es sind Belege die aufgrund der Zufälligkeit des Entstehens nicht einem der beschriebenen Hauptkapitel oder bestimmten Portoperiode zuzuordnen sind. Es sind derartige Stücke das Salz in der Suppe für den Sammler, der die jeweilige Ausgabe in seinem Besitz hat. Ob Belegstücke des Zufalls, unsachgemäßer Handhabung, oder auch manchmal gar manipulativ gesteuerter Spielerei. Man kann es nicht sagen und weiss es nicht immer. Was letztendlich für uns Sammler zählt ist der Spaß an der Freud‘ zu besitzen was nicht jeder hat und außerhalb der Norm ist. Ich stelle in diesem Kapitel vor was es alles geben kann, ohne definitiven Anspruch auf Vollständigkeit, mit Bewertungsschemata speziell hier auf Basis stark launig- volatiler Liebhaberwilligkeit des kaufwilligen Sammlers.

Es existieren derart „besondere Ausgaben“ der ersten Portoperioden aber vor allem in weiterer Folge noch mehrere Druckvarianten des Buchdruck- Vorentwertungsaufdrucks der Versandperioden IV-V. Nämlich solche des Basisaufdrucks mit fehlendem Datumszudruck, dann die regulären Ausgaben mit zwei Eindrucken (Rahmen und Datum), wobei es hier auch Verschiebungen des Datumseindrucks gegen das Umrandungskästchen in alle Richtungen geben kann. Auch können die Druckfarben der beiden schwarzen Eindrucke voneinander abweichen, z.b. glänzender und matter Druck. Dann gibt es Streifbänder mit Eindrucken der Jubiläumsausgabe 1908 oder jene der Ausgabe Freimarken Kaiserkrone 1916 bei denen das Datum regulärerweise eingedruckt sein sollte- aber eben manchmal dann doch fehlt. Diese Stücke sind entweder irrtümlich schon vor dem zweiten Druckgang ohne Datum zum Versand gekommen oder die Druckmaschine, die den Datumsaufdruck durchführt, fasst zwei Druckbögen von denen der untere nicht bedruckt wird. Es existieren aber auch Stücke ohne den Erstaufdruck und es ist nur das Datum gedruckt. Für den Freund

philatelistischer Spezialitäten allemal ein nettes Betätigungsfeld, ich bilde auf den Folgeseiten einige markante Ausgaben ab.
Mit der Frage Druckzufall oder beabsichtigtem Provisorium befasse ich mich weiters noch im Kapitel 4.3, wo die Frage unbeantwortet bleibt ob in der DÖAV- Periode III vom 31.03.1910- 30.11.1919 die Freimarken zu 3 und 5 Heller Jubiläumsausgabe, beabsichtigt oder auch nicht, mit fehlendem zweiten Druckgang produziert wurden. Allem Anschein nach sind aber besagte Ausgaben wahrscheinlich doch Regulär- bzw. Einschubsausgaben weshalb ich sie im Kapitel **4.3.1. „Provisorien & Einschubausgaben der Periode III“** abbilde und auch im Katalogteil **Kapitel 5. „Haupttabelle Punktebewertung nach Eindruckklischees“** mit Bewertung liste.

Fehldrucke wiederum bilde ich in diesem Kapitel auf den Folgeseiten ab, so beispielsweise die „AUGSTU“-Ausgaben, und bewerte sie auch in der Haupttabelle Punktebewertung; diese Fehldrucke können aber nicht beabsichtigt gewesen sein um als reguläres Provisorium oder als Einschubausgabe beurteilt zu werden. Über derartige Abgrenzungen kann natürlich debattiert werden, wesentlich allemal, dass deren Existenz zumindest einmal bekannt gemacht ist.
Um Variantenreichtum als auch mögliche Abarten und Zufallsdrucke übersichtlich darzustellen zeige ich in der Studiensammlung des Folge-Kapitels eine Auflistung verschiedener Möglichkeiten

9.1.1.
Abbildungen Studie Aufdrucksfehler und Druckzufälligkeiten anhand des variantenreichen Streifbands Nummer 9

Streifband Nr. 9 F I, Fehldruck AUGSTU 1914, befördert nach Lenzkirch, Deutsches Reich. Bewertung 150 Punkte

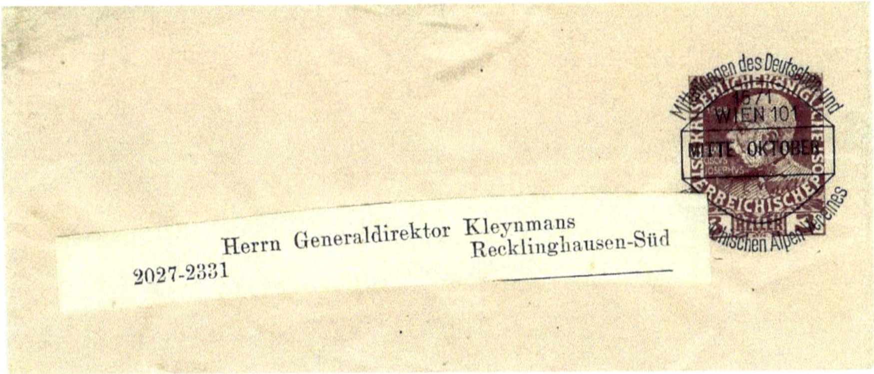

Streifband Nr. 9F II, Fehldruck ohne Jahreszahl, befördert nach Recklinghausen, Deutsches Reich. Der Druck der Jahreszahl ist derart schwach ausgeführt, dass er hier komplett ausfällt. Ein Zufallsprodukt. Jahrgang unbekannt. Befördert nach Recklinghausen, Deutsches Reich. Aufgrund der Auffälligkeit des Druckausfalls mit 150 Punkten zu bewerten.

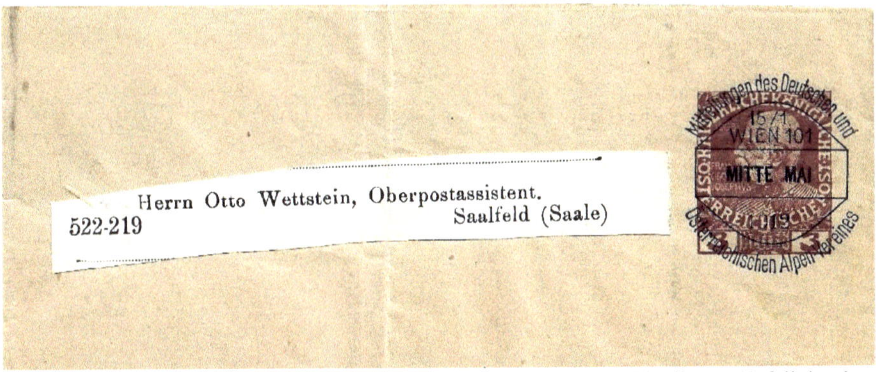

Streifband 9 F III, Fehldruck MITTE MAI aus dem Jahr 1912- Druckbedingter Zufall durch mangelhafte Druckvorrichtung bei der Wiener Staatsdruckerei. Jahreszahl schwacher Druck- ein reiner Zufall. Befördert nach Saalfeld, Deutsches Reich. Derartige Stücke sind attraktiv zum Sammeln aber nicht zu überbewerten. Preisansatz 80 Punkte.

Streifband 9 F IV: Ein Aufdrucksfehler 1219 statt 1912 ist von der Ausgabe des Monats „Mitte Mai 1912“ bekannt, dieser kann aber hier mangels schlechter vorliegender Bildqualität nicht wiedergegeben werden. Bewertung 150 Punkte.

Zum Bereich der Druckzufälligkeiten zählen auch schwacher Druck, Streifbandverschnitte und Aufdrucks-Verschiebungen und fehlender Farbauftrag. Ich zeige auf den Folgeseiten einige derartige Ausgaben.

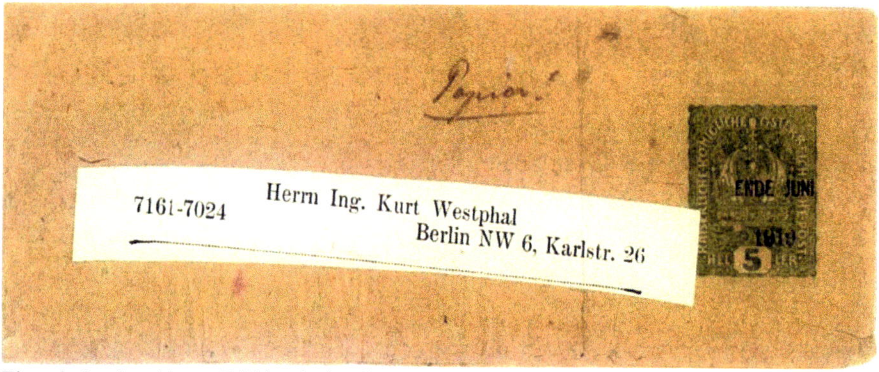

Eine eindeutige Abart- Fehldruck- ist die Ausgabe Streifband Nr. 13F1 mit Freimarkeneindruck Kaiserkrone 1916, 5 H grün, mit dem bereits aus Altliteratur bekannten fehlenden ersten Druckgang bei „ENDE JUNI 1919“. Wert 300 Punkte

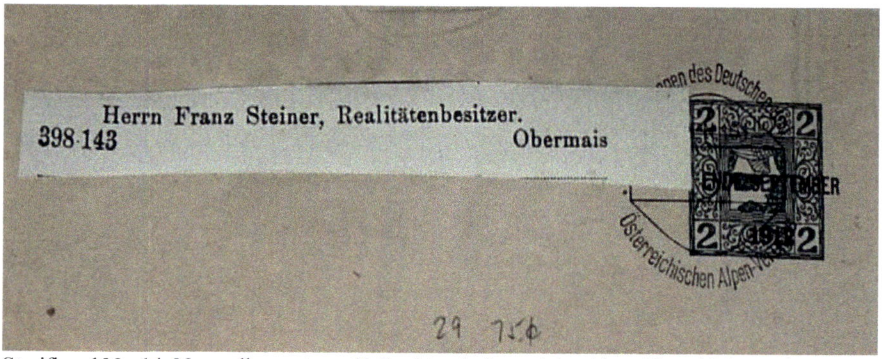

Streifband Nr. 14, Normalbewertung 40 Punkte. Aufgrund der Abart Verschiebung des Rahmens Druckgang 1: Druckgang 2, zugleich der seltenen Destination wegen, erscheinen 100 Punkte als angemessen. Obermais ist ein Stadtteil Südtirols, damals, im Jahr 1912, österreichisch daher Inlandstarif.

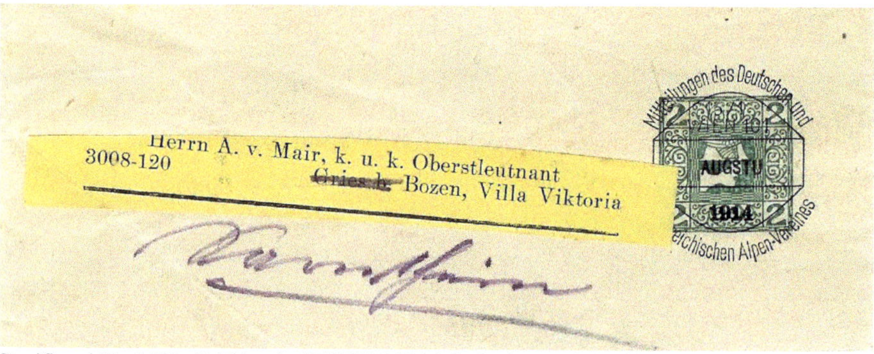

Streifband Nr. 14F1, Fehldruck AUGSTU 1914, befördert nach Südtirol, Bozen. 180 Punkte

Der schwarze Streifen am rechten Rand zeigt die Position an wo geschnitten hätte werden sollen. Stattdessen entsteht durch Schlamperei ein nettes, nicht hochpreisiges (20 Punkte) aber optisch attraktives Streifband Nr. 17 welches zwischen Mitte Jänner und Mitte April 1920 für nur 3 Monate zur Verwendung kommt. Die graue 5 Heller- Ergänzungsmarke ist dem bisherigen Streifband Nr. 13 wegen der Portoerhöhung vom 15.01.1920 von 5 auf 10 Heller hinzugedruckt worden. Bereits ab dem 14.01.1920 wird das 10 Heller- Porto hinfällig da inflationsbedingt auf 20 Heller erhöht wird…

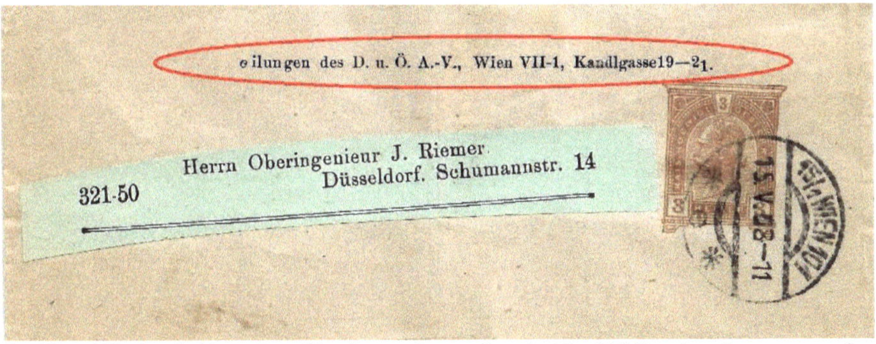

Streifband Nr. 2 mit Absenderaufdruck „…eilungen" und „19—21" Druckauslassungen auf Auslandsschleife nach Düsseldorf. 3 Heller- Schleife 15.V.08 für Auslandsversand ins Deutsche Reich, Tarifzone A, Wert 40 Punkte

Ausgabe 5 Heller Streifband Nr. 10a Jubiläumsausgabe 1908 mit vergleichsweise regulärem und schwachem Farbauftrag als dekorative und markante Druckzufälligkeit des Urdrucks

Nr. 26; markanter Abklatsch der 2 Kronen- Schleife aus 1922, vorder-/ rückseitig abgebildet. Begünstigter Auslandsversand zum Inlandstarif (nur 2 K statt 5 K !) nach Deutschland in der Infla- Portoperiode 6 (1.12.21- 30.4.22). 250 Punkte

Schnittfehler beim Trennen der Zeitungsschleifenbögen sind relativ häufig. Das abgebildete 4 Groschen- Streifband Nr. 28 vom Oktober 1935 ist per se bereits selten vorkommend und wertet bereits als Normalausgabe mit 80 Punkten.

Derartige Verschiebungen der Buchdruck-Vorausentwertung in alle Richtungen kommen öfters vor, sind optisch originell, stellen aber keinen besonderen „Wert“ dar. Abb. Streifbänder 9a und 12.

9.2.
Keine Ganzsachen im Sinne dieser Registrierung

Der Alpenverein versendet seine „Mitteilungen“- Aussendungen bereits ab dem Jahr 1875 an seine Mitglieder. Aus zwei Gründen macht eine Bearbeitung in diesem Buch wenig Sinn.
Es handelt sich bei den Ausgaben vor 1903 um keine Ganzsachen-Streifbänder, mit denen ich mich in diesem Handbuch befasse, sondern um Streifbänder Briefmarkenfrankaturen.

Weiters ist nur sehr wenig Belegmaterial an alten Zeitungsschleifen mit lesbarem Datum aus dem durch den Aufgabe-/ Ankunftsstempel der Zeitpunkt des Versands ersichtlich wäre verfügbar.

Dennoch, ich hielte die Thematik für den Alpenvereins- Spezialisten attraktiv zu ergründen und eventuell auch in Kauf zu nehmen, dass die Qualität der sammlerisch eher unbeliebten Schleifen nicht 1A sein wird.

Zu beachten ist auch dass die vom Alpenverein vor 1903 versandten „Mittheilungen“ in Streifbändern versandt werden die keine Absendervermerke wie jene ab 1903 tragen. Das macht die Zuordnung und den Nachweise des Versands durch den DÖAV schwierig. Ein Wiener Poststempel des Aufgabepostamts und die für das Versandunternehmen typische Adresschleife lassen beim Versand ins Ausland zwei Merkmale des Alpenvereins erkennen. Im Inland, beim Versand mit der Zeitungsmarke, kann als DÖAV-Absendernachweis nicht der Stempel dienlich sein sondern es kann ausschließlich die Adresschleife zum Nachweis herangezogen werden.

Sollten Sie als Sammler oder DÖAV- Experte daran mitarbeiten wollen das interessante Gebiet mit mir in Arbeit nehmen zu wollen bin ich gerne zu jeglicher Zusammenarbeit bereit. Als Zeichen meines guten Willens bilde ich zum Abschluss dieses Buches noch zwei DÖAV-Belege aus der Zeit vor 1903 ab und schließe mit diesem Buchkapitel die Fertigstellung dieser 190 Seiten umfassenden Ausarbeitung ab.

Ich hoffe dass Ihnen das Lesen dieses Buches Freude gemacht hat und auch Motivation vermitteln kann sich mit den aus der Norm gefallenen Neben- und Nischengebieten der Philatelie zu befassen die auch im historischen Konnex bedeutsam zu ergründen sind.

Ich freue mich, wenn es Ihnen gefallen hat.

Ende

9.3.
Bezugspartner, weiterführende Literatur und PR

Fachbuch und Spezialkatalog: Österreich 1878-1938
Privat- und Gelegenheitsganzsachen von Rüdiger Soecknick

Österreich 1878-1938 Privat- und Gelegenheitsganzsachen von Rüdiger Soecknick, Briefmarkenprüfer im Verband Österreichischer Briefmarkenprüfer (VÖB) und Bund Philatelistischer Prüfer (BPP). In diesem einzigartigen Fachbuch erfolgt erstmals seit fast 40 Jahren eine komplette Neubearbeitung mit übersichtlicher Katalogisierung und Auspreisung der einzelnen Ausgaben.

ISBN: 978-3-902662-78-1 / VKP: 38.- Euro
Hardcover / Seitenanzahl: 196 / Format: 160 mm x 240 mm

Vierbändiges Gesamtwerk Dr. Ulrich Ferchenbauer

Band I: Noch ausführlichere Darstellung der Briefpostgebühren 1850- 1875 (In- und Ausland); Frei- und Zeitungsmarken- Ausgaben 1850- 1864 (mit vollkommen neuer grafischer Darstellung der Typen, Plattenfehler, etc.).

Band II: Frei- und Zeitungsmarken- Ausgaben 1867- 1918; Flugpost 1918; Zeitungsstempelmarken- Ausgaben, Spezielle Frankaturen, etc.

Band III: Gänzliche Neubearbeitung der Ganzsachen und Formulare der Brief- und Fahrpost; Rohrpost; Telegraphen- und Telefondienst; Reko- Zettel. Praktisch alle Ganzsachen und Formulare sind abgebildet!

Band IV: Post im Ausland: Ungarn 1867; Vollkommene Neubearbeitung der österreichischen Feldpost; österreichische Post im Fürstentum Liechtenstein; Bosnien- Herzegowina und österreichische Post in der Levante.

Die vier Bände mit gesamt ca. 3.000 Seiten werden nur gemeinsam zum reduzierten Gesamtpreis von € 200.- abgegeben.

Erhältlich beim Autor und Verleger Dr. Ulrich Ferchenbauer, A- 1180 Wien, Postfach 21.

Tel. 0043 676 43 060 95 **E-Mail ferchenbauer@chello.at**

AUSTRIA NETTO KATALOGE

Spezialkataloge und Fachliteratur

Pionierraketenpost und kosmische Post

Handbuch u. Spezialkatalog von Walter M. Hopferwieser

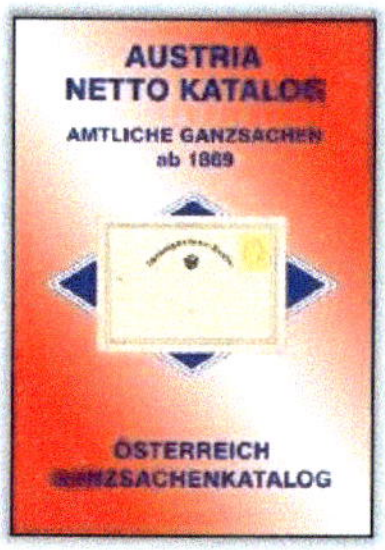

ANK-Ganzsachen Österreich

Amtliche Ganzsachen ab 1861 komplett in Farbe

ANK-Sonderstempel Hauptband

Alle Sonderstempel ab 1864 bis 1979

ANK-Sonderstempel Alle Nachträge

Alle Sonderstempel Nachträge ab 1979

Dr. Rüdiger Wurth Fachliteratur

Alle Jahrbücher

Alle Sonderbände

ANK-Kataloge www.ank.at e-mail: office@ank.at

Immer einen Schritt voraus!

...durch Information und Wissen.

Fachbuch und Spezialkatalog: Österreich 1945
Provisorien und Lokalausgaben von Rüdiger Soecknick

Ein für den Spezialsammler und Handel unentbehrliches Standardwerk österreichischer Philatelie. Nach über 40 Jahren erfolgt die komplette Neubearbeitung der beliebten Gebiete Lokalausgaben und Provisorien, die hier ausführlich und detailliert dargestellt werden.

ISBN: 978-3-902662-64-4 / VKP: 28.- Euro
Seitenanzahl: 352 / Format: 160 mm x 240 mm Hardcover

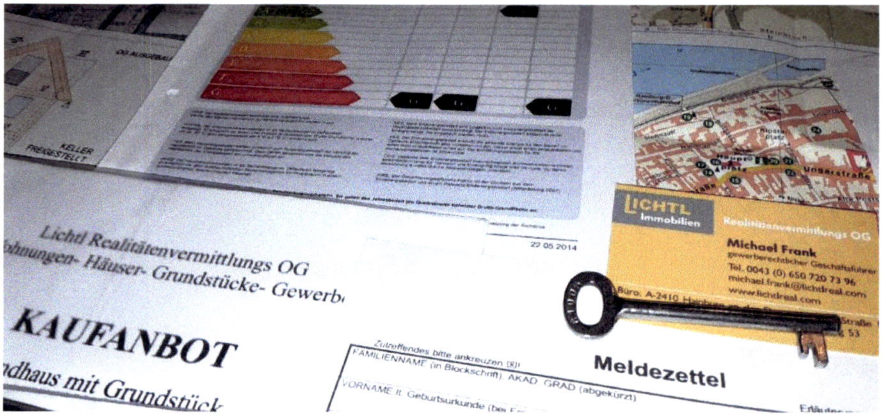

Immobilienverkauf ist Vertrauenssache

Legen deshalb auch Sie den Verkauf Ihrer Wohnimmobilie in Wien, Niederösterreich und dem Burgenland in beste Hände!

Privat als engagierter und historisch interessierter Philatelist sowie als Schachspieler tätig umfasst meine 40-jährige Berufslaufbahn in Erster Linie die Realisation von Immobilienprojekten aller Art.

Mit Schwerpunkt auf dem Eigentumsbereich steht Ihnen vieljähriges Fachwissen als staatlich befugter und geprüfter Immobilienmakler mit eigener Gewerbekonzession mitsamt meinem persönlichen Einsatz speziell für die Senioren- Zielgruppe „60plus" zur Verfügung.

Von der Erstbesichtigung zur Immobilienbewertung, vom individuellen Termin mit Interessenten bis zur Finanzierung mitsamt notarieller Treuhandabwicklung zur Gewährleistung seriöser Abwicklung. Dabei übernehme ich erforderliche Recherche- und Amtswege für Sie, ebenso die Ausarbeitung und Erstellung zeitgemäßer Verkaufsunterlagen.

Gerne können Sie mich stets auch außerhalb üblicher Geschäfts- und Bürozeiten telephonisch oder per E- Mail kontaktieren.

Ihr *Michael Frank

Tel. 0043 650 720 73 96 E-Mail michael.frank@lichtlreal.com

*auch aus der Fernsehserie „Vielgeschätztes Österreich" bekannt